SISTEMAS ORIENTADOS A OBJETOS

Conceitos e práticas

FABIO VERSOLATTO

SISTEMAS ORIENTADOS A OBJETOS

Conceitos e práticas

Freitas Bastos Editora

Maria Augusta Delgado Livraria, Distribuidora e Editora
Direção Editorial: Isaac D. Abulafia
Gerência Editorial: Marisol Soto
Diagramação e Capa: Madalena Araújo

**Dados Internacionais de Catalogação na Publicação (CIP)
de acordo com ISBD**

M929e	Versolatto, Fabio
	Sistemas orientados a objetos: conceitos e práticas / Fabio Versolatto. Rio de Janeiro, RJ : Freitas Bastos, 2023.
	212 p. : 15,5cm x 23cm.
	ISBN: 978-65-5675-296-9
	1. Computação. 2. Linguagem de programação. I. Título.
	CDD 005.133
2023-1389	CDU 004.43

Elaborado por Vagner Rodolfo da Silva - CRB-8/9410

Índice para catálogo sistemático:
1. Computação : Linguagem de programação 005.133
2. Computação : Linguagem de programação 004.43

Freitas Bastos Editora
atendimento@freitasbastos.com
www.freitasbastos.com

SUMÁRIO

PREFÁCIO

Este livro tem como objetivo apresentar o paradigma da orientação a objetos. Nele teremos a oportunidade de discutir o cenário de surgimento do paradigma bem como nos aprofundarmos em cada um dos seus pilares.

Com o *software* se estabelecendo cada vez mais como uma ferramenta estratégica competitiva para as empresas, a área de desenvolvimento tem o desafio de buscar mais aprimoramento da forma de construção e de desenvolvimento dos produtos para este mercado.

Ao longo das últimas décadas, a orientação a objetos se tornou uma importante aliada para engenheiros e desenvolvedores na busca da melhoria na organização e consequentemente da qualidade do *software* desenvolvido.

No decorrer deste livro, trataremos dos pilares da orientação a objetos no campo conceitual, uma vez que a abordagem tem como raiz ser agnóstica as linguagens de programação. Para que não fique nenhuma lacuna entre a teoria e a prática, daremos exemplos de implementação dos pilares do paradigma utilizando a Linguagem de Modelagem Unificada (UML) e a linguagem Java.

O Java estabeleceu-se, nas últimas décadas, como uma das linguagens de programação mais utilizada por engenheiros e desenvolvedores que atuam no mercado de desenvolvimento e, com a aplicação da abordagem orientada a objetos de forma correta, se tornou uma grande aliada no desenvolvimento de produtos de *software* com qualidade.

Este livro é destinado a estudantes que possuem conceitos fundamentais de lógica de programação e algoritmos e que nunca tiveram contato com a orientação a objetos, bem como àqueles profissionais que buscam melhores definições conceituais a serem aplicadas aos seus projetos.

CAPÍTULO 1: INTRODUÇÃO

Neste capítulo apresentaremos o que é orientação a objetos, em qual contexto ela nasce e em quais pontos ela pode nos ajudar no desenvolvimento de sistemas de *software* de qualidade. Falaremos aqui também da relação entre o paradigma orientado a objetos e as linguagens de programação que dão suporte a essa forma de desenvolvimento.

OS DESAFIOS DO DESENVOLVIMENTO DE SOFTWARE

O *software* vem se estabelecendo cada vez mais como uma ferramenta estratégica competitiva para as empresas, incluindo aquelas cujo negócio não seja necessariamente o desenvolvimento de *software*.

Com isso a área de desenvolvimento de sistemas de informação tem o desafio de buscar cada vez mais aprimoramento e melhoria da (e na) forma de construção para atender as crescentes exigências.

Acredito que, apenas com esse cenário, você já tenha entendido que o desafio no desenvolvimento não está mais na produção de certa quantidade de linhas de código que, ao se juntarem, formam um sistema de *software*.

Uma vez o *software* passando a ser visto como uma ferramenta estratégica e competitiva pelas empresas que disputam ferozmente cada centímetro do mercado, não nos cabe mais pensar que o sucesso e a qualidade de um sistema possam ser medidos apenas por ele resolver, ou automatizar, um determinado problema de negócio.

Para começarmos pelo básico, um sistema de *software* precisa obrigatoriamente ser desenvolvido dentro dos padrões mínimos de tempo, esforço e orçamento, surge aqui palavras que até então escapava ao vocabulário dos desenvolvedores: organização, produtividade e "custo X benefício", por exemplo.

Mas não paremos por aqui. Não basta apenas desenvolvermos um sistema dentro do prazo combinado, com custos que não excedam o orçamento previsto. Um bom sistema de *software* é aquele que melhor consegue se adaptar a única certeza que lhe será apresentada tão logo ele esteja desenvolvido, a certeza de que os requisitos mudarão.

Seja em qual fase do ciclo de desenvolvimento, ainda na fase de projeto ou na pós-implantação, os requisitos que foram insumos de entrada para o *software* mudarão, em menor, ou maior escala.

E aqui poderíamos enumerar as mais diversas razões: requisitos mal elicitados, mal esclarecidos ou mal documentados, requisitos ambíguos etc. Mas eu gostaria aqui de citar a mais comum e a que mais nos escapa nas fases de concepção e desenvolvimento: as necessidades de mercado mudam! E uma vez que elas mudam, os sistemas que suportam as capacidades de negócio também mudam (ou deveriam).

Poderíamos aqui também considerar a natureza da manutenção. Manutenções evolutivas são aquelas que dão conta de adaptar o sistema a uma nova realidade ou até mesmo de evolui-lo a novos patamares, com novas funcionalidades. Enquanto isso, manutenções corretivas são aquelas cujo objetivo é, como o próprio nome diz, corrigir algo que não está funcionando como deveria. Não se engane! Seguramente, trabalhamos com o objetivo de minimizar a quantidade de manutenções corretivas, enquanto isso, a prática nos mostra que a eliminação total deste tipo de rotina é uma realidade que se mostra cada vez mais utópica.

Chegamos a um ponto importante! Chegamos à reflexão de que o diferencial competitivo dos sistemas que desenvolvemos não está mais apenas em sermos produtivos e desenvolvermos dentro do prazo e do custo, mas sim em desenvolvermos sistemas cujas manutenções, essas sim, certas, também tenham o menor custo e impacto possível para o negócio. E aqui uma nova palavra passa a fazer parte do cotidiano do desenvolvedor: manutenibilidade.

Manutenibilidade não é apenas uma palavra, mas um atributo de qualidade descrito na norma ISO/IEC 25010 (2011) que trata da definição e do verbete dos requisitos não funcionais de um sistema de *software*.

Poderíamos adicionar, além de manutenibilidade, desempenho, escalabilidade e disponibilidade. Mais requisitos e atributos de qualidade que nós enquanto desenvolvedores devemos nos preocupar.

Você pode estar pensando agora: "Ok! Mas o que isso tudo tem a ver com orientação a objetos?". Você não poderia estar mais correto! Até agora falamos de alguns (e talvez os principais, por que não?!) problemas e desafios do dia a dia do desenvolvimento de *software*. Para não fugir da resposta, eu diria que o primeiro passo para obtermos êxito nessas missões é: organização!

Organizar nossos sistemas de tal forma a potencializar reúso e componentização. Que possamos nos aproximar do nível de maturidade dos nossos produtos que outras engenharias, como a eletrônica, por exemplo, possuem.

Se pensarmos em uma placa eletrônica qualquer, veremos ali um conjunto de componentes (circuitos integrados), com funções e responsabilidades muito bem definidas, que se comunicam entre si para resolver um determinado problema maior: o problema do sistema.

Fiquemos um pouquinho mais no exemplo da placa de circuito. O que podemos tirar de lição deste tipo de organização? Imaginemos a seguinte situação: se um circuito integrado precisar ser substituído, seja por um melhor ou por algum defeito, qual é o trabalho? Bem, não sou um especialista em eletrônica, mas sei que basta a substituição por outro componente que tenha as mesmas especificações de comunicação do original. Tão simples quanto remover o componente anterior de uma espécie de *slot* e "espetar" o novo componente no lugar. Onde está o ganho desse cenário? Manutenibilidade! A organização do sistema, em componentes, potencializou a manutenção dele.

Pensemos agora outra situação, ainda no cenário da eletrônica. Imagine um projeto em que temos que desenvolver cinco circuitos integrados e temos cinco integrantes na equipe. Conta mais igual não há! Mas não nos apeguemos na exatidão dos números. Qual seria a forma mais inteligente de otimizar o desenvolvimento desse sistema (placa)? Bem, se conseguirmos, num primeiro momento, definirmos a forma, ou o protocolo, com que esses componentes conversarão para resolver um determinado problema, o restante poderia ser desenvolvido de forma paralela, ou seja, cada desenvolvedor desenvolve um componente e no fim apenas "juntamos" tudo em um sistema.

E aqui temos outro exemplo importante de organização. Nesse caso, a organização potencializa a produtividade da equipe, logo, um produto apto a ser testado em menos tempo do que se tivéssemos um modelo em que cada desenvolvedor aguardasse um componente ficar pronto para então somente iniciar o desenvolvimento do seu.

Este era exatamente o ponto que queria que chegássemos, a organização ou a utilização de uma abordagem de desenvolvimento que nos direcione a uma organização, é um bom primeiro passo para o atingimento dos objetivos de um projeto de *software*. E é aqui que entra o paradigma da orientação a objetos!

O PARADIGMA DA ORIENTAÇÃO A OBJETOS

Sob o ponto de vista da linha do tempo, não podemos dizer que a orientação a objetos é uma abordagem nova ou recente.

Os primeiros registros que se tem notícia daquilo que veio a se tornar a orientação a objetos, tal como apresentaremos aqui, datam do final da década de 60, com o surgimento de uma linguagem chamada Simula-68. Como podemos imaginar, o nascimento ainda incipiente foi aprimorado durante a década seguinte, principalmente em conjunto com outra linguagem, o Smalltalk. O amadurecimento e popularização, de fato, deu-se ao longo das décadas de 80 e 90, novamente em conjunto com outras linguagens de programação, dessa vez, o Java e o C++.

A linha histórica fica mesmo a título de curiosidade, pouco agrega para o nosso dia a dia. Porém, foi no momento de criação, na década de 60, que vem o que talvez seja o principal conceito da orientação a objetos, aquele que nos ajuda a entender tudo o que vem por diante.

Alan Kay, cientista que é considerado como um dos "pais da orientação a objetos", teve como inspiração para criação do conceito o mundo real. Mundo real? Sim, exatamente!

Para entender melhor o que o mundo real tem relação com o desenvolvimento de *software*, vamos entender um pouco do contexto de desenvolvimento em que a orientação a objetos nasce.

A maioria dos sistemas de *software* à época eram desenvolvidos baseados na abordagem, ou no paradigma, procedural. O que significa dizer que um sistema era visto e organizado como um conjunto de arquivos, que geralmente não tinham uma relação visual e perceptível com o problema de negócio que resolviam. Dentro desses arquivos, linhas de código e algoritmos. O processamento de dados, ou a resolução de um problema algorítmico, se dava a partir da chamada de rotinas e sub-rotinas espalhadas nos códigos dos arquivos, como mostra a Figura 1.1.

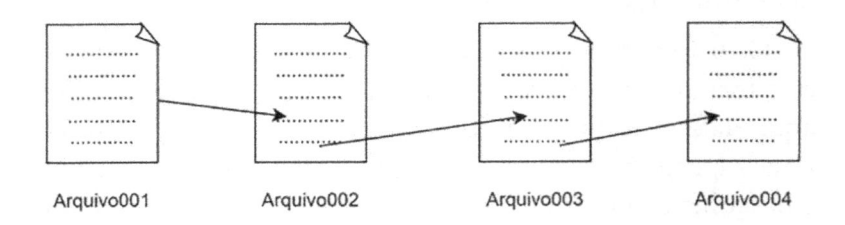

Arquivo001   Arquivo002   Arquivo003   Arquivo004

Figura 1.1 - Paradigma procedural

Onde exatamente está o problema dessa abordagem? Não diria que é um problema, mas vamos aqui apontar quais foram as motivações para uma abordagem de desenvolvimento que se contrapusesse a essa.

Primeiramente, ao olhar para um sistema de *software* que se propõe a resolver um problema de negócio, seria interessante se tivéssemos ali representado um modelo que nos aproximasse mais de fato do negócio, do problema que estamos resolvendo, de maneira mais inteligível do que um conjunto de arquivos com muitas linhas de código.

Mas talvez isso não seja o principal fator. Como se dá o processamento de dados em um modelo como este? A partir de chamadas de códigos encadeadas, ou seja, vai na contramão daquilo que falamos anteriormente sobre produtividade, reúso, componentização e manutenibilidade.

Temos nessa abordagem o que chamamos de alto acoplamento, ou seja, os componentes que fazem parte da solução possuem muita dependência uns dos outros para realizar uma função.

É fácil pensar em uma falha generalizada do sistema em caso de falha de um único componente, bem como é fácil imaginar a possibilidade de testar todo o sistema, em casos em que apenas um componente ou uma linha de código de um arquivo seja alterada.

Pois bem, voltando a orientação a objetos e a inspiração para criação dela. No mundo real, como as missões e as tarefas são realizadas? Imaginemos o seguinte exemplo do cotidiano: a sua tarefa é assistir televisão. Quem participa desse cenário? Como cada um participa? Como cada um interage?

Poderíamos pensar pelo caso mais simples possível, você, usuário de televisão, participante desse "sistema", em posse do controle remoto da TV envia uma ordem para o aparelho: "ligue!". Esse por sua vez responde ao seu comando, energizando placas, acendendo *leds*, comunicando-se com a antena de TV.

Um exemplo simples do dia a dia que mostra exatamente como se dá o processamento no mundo real: objetos que interagem entre si para resolver um determinado problema.

É exatamente dessa dinâmica que nasce a inspiração para a construção do paradigma da orientação a objetos. A organização de um sistema, baseado em componentes (objetos), com responsabilidades muito bem definidas e que se comunicam entre si, a partir da troca de mensagens, para resolver um determinado problema.

Bezerra (2006) define a orientação a objetos como uma técnica para modelar e implementar sistemas que diminui a diferença semântica entre a realidade sendo modelada e os sistemas construídos.

Mas a abordagem não para por aí. Com o objetivo de organizar um sistema tal como o mundo real em que este *software* está inserido, o paradigma da orientação aproxima as duas partes: *software* e problema do mundo real, uma vez que é deste mundo real que os objetos de sistemas emergem, a representação sistêmica passa a não ser mais arquivos, mas sim objetos do mundo real que de alguma forma fazem parte da resolução do problema no universo sistêmico.

A inspiração do mundo real não fica apenas na dinâmica entre os objetos. O mundo real dá origem ao que chamamos de "pilares da orientação a objetos". Esses "pilares" sustentam a todo o paradigma, são como regras que devemos seguir se quisermos de fato colher os benefícios que a orientação a objetos tem para nós.

"Um paradigma é um conjunto de regras que estabelecem fronteiras e descrevem como resolver problemas dentro desta fronteira. Um paradigma ajuda-nos a organizar a e coordenar a maneira como olhamos o mundo" (MORRIS, D.; BRANDON, J. 1994).

A partir da definição de paradigma, podemos considerar cada pilar como um conjunto de regras que nos ajudam a organizar o nosso *software* com o objetivo de melhorarmos a qualidade dele.

São considerados os pilares do paradigma da orientação a objetos:

- Abstração
- Encapsulamento
- Herança
- Composição e Agregação
- Polimorfismo

Veremos em detalhes cada um deles no decorrer dos próximos capítulos.

LINGUAGENS DE PROGRAMAÇÃO ORIENTADA A OBJETOS

É claro que você deve estar pensando: "Mas e a linguagem de programação? Onde entra nessa história de paradigma da orientação a objetos?". E você está correto!

Uma coisa é fato: todo sistema de *software* é escrito a partir de linguagens de programação, ou linguagens de desenvolvimento. São elas que dão o corpo e a forma ao nosso sistema, e são a partir delas que escrevemos os algoritmos que buscam resolver os problemas de negócio que pretendemos solucionar.

Dizemos que uma linguagem é orientada a objetos, quando ela dá suporte, quer dizer, que ela nos permite, implementar todos os pilares da orientação a objetos, tal como suas definições conceituais.

Uma linguagem considerada orientada a objetos é aquela que dá aos desenvolvedores a capacidade de implementar um sistema de *software* baseado no paradigma da orientação a objetos.

Temos também as chamadas linguagens puramente orientadas a objetos, que são aquelas que dão suporte ao paradigma em toda sua completude e são inflexíveis quanto às definições conceituais de cada pilar, ou seja, para uma linguagem ser considerada puramente OO ela deve estar aderente 100% às definições conceituais fundamentais do paradigma.

As linguagens puramente orientadas a objetos são mais utilizadas no âmbito acadêmico, tendo pouca aderência no mercado de tecnologia. Destacam-se dentre elas o *Smalltalk* e o *Scala*.

Por outro lado, temos as linguagens ditas "não puramente orientada a objetos", seja por permitirem implementações que derivam das ideias iniciais forjadas no princípio da orientação a objetos, ou seja, por permitirem implementações "multiparadigmas", que dão maior liberdade e flexibilidade ao desenvolvedor.

Essas linguagens possuem ampla aderência ao mercado, destacam-se nessa lista o C++, C#, Python e o Java. Neste livro, abordaremos conceitualmente cada pilar da orientação a objetos e daremos exemplos de implementação de cada um deles utilizando a linguagem Java.

A RELAÇÃO ENTRE ORIENTAÇÃO A OBJETOS E ALGORITMOS

Seguramente, no início dos seus estudos de desenvolvimento de *software* você teve contato com o mundo dos algoritmos, o que chamamos de "lógica de programação".

Ali, você viu e teve contato com os conceitos de variáveis, tipos de dados, operações aritméticas, operadores lógicos e relacionais. Após isso tudo, você aprendeu estruturas dinâmicas que dão um corpo de fluxograma e de comportamento aos nossos algoritmos: estruturas de decisão e laços de repetição.

Talvez você ainda tenha estudado estruturas de dados como vetores e matrizes e finalizado seus estudos com sub-algoritmos ou funções.

Feita essa pequena revisão, você deve estar se perguntando em que parte os conceitos que você aprendeu sobre algoritmos e o paradigma da orientação se cruzam.

A primeira coisa que precisamos relembrar é que a orientação a objetos diz mais sobre uma forma de organizar o nosso sistema, uma abordagem que visa: reúso, produtividade e manutenibilidade a partir de uma visão, uma forma de organizar um sistema.

Dito isso e sendo direto: nada do que você aprendeu em algoritmos será perdido! Todos os conceitos de algoritmos serão utilizados na orientação a objetos, principalmente quando precisarmos construir, codificar, os aspectos comportamentais dos nossos objetos.

Veremos essa interligação de conceitos com mais detalhes quando falarmos sobre métodos, mas vejamos um exemplo para ficar mais claro.

Imagine que você está em uma loja e solicita o preço de um produto para um atendente que está lhe auxiliando em uma compra. Nesse cenário hipotético, temos dois objetos em interação: você e o atendente.

Na nossa alegoria, você solicita o preço ao atendente, esse vai até o produto, verifica o preço e te devolve a informação.

Agora imagine que você solicita uma nova informação ao atendente: o preço do produto com desconto para pagamento a vista. Nesse caso, o atendente terá que executar o seguinte passo a passo:

1º. passo: obter o preço do produto

2º. passo: obter o percentual de desconto

3º. passo: efetuar a operação aritmética: preço do produto * (1 – desconto / 100)

4º. passo: devolver a informação do preço final com desconto para você

Perceba que na implementação do comportamento "obter preço com desconto" do atendente, ele executa um algoritmo, o que chamamos aqui de "passo a passo" e nele temos todos os elementos que você aprendeu: variáveis, tipos de dados e operações aritméticas.

Poderíamos extrapolar um pouco o nosso cenário. Imagine que o atendente, frente ao valor do produto e um determinado valor limite, pudesse permitir ou não a aplicação de desconto. Nesse caso, ele tomaria uma decisão, que em algoritmos chamamos de estruturas de decisão.

Com isso, podemos concluir que é na implementação dos comportamentos dos nossos objetos, que iremos utilizar a maior parte dos conceitos que aprendemos nos estudos sobre algoritmos e lógica de programação.

A UML

Quando estamos falando de uma abordagem ou de um paradigma de construção de *software* estamos falando de uma sequência de atividades, executadas seguindo um determinado conjunto de padrões que tem como objetivo a produção de um artefato deste sistema de *software*.

Um artefato, a depender de qual etapa do ciclo de desenvolvimento estamos, pode ser deste um componente de *software*, resultante de muitas linhas de código, até um modelo ou um desenho que expresse um aspecto deste sistema.

Um modelo nada mais é que a representação de algo, mas que de fato não é concretamente este algo que se propõe a ilustrar. Pensemos em um exemplo prático.

Imagine que você esteja interessado na aquisição de um apartamento que ainda não está construído, está no estágio que chamamos popularmente de "imóvel na planta". Nesta fase, é comum que as construtoras montem espaços de venda.

Ao adentrar em um desses espaços de venda, você seguramente será recepcionado por um profissional que se prontificará a apresentar-lhe o empreendimento imobiliário.

Pois bem, neste momento não há imóvel, empreendimento imobiliário ou edifício a sua frente, apenas um grande terreno vazio e o "stand de vendas", ou seja, não há o produto concreto a ser visualizado. Assim sendo, o profissional lhe convida para sentar em uma mesa grande e estica sobre ela uma enorme planta do empreendimento impressa em uma folha de papel A3.

Você olha, para e olha novamente todas as plantas dispostas na mesa e, caso você não seja um especialista em arquitetura, pouco irá entender ou imaginar como ficará o empreendimento que deseja a partir daquilo que está desenhado.

Observando a ineficiência do método utilizado, o profissional de vendas então lhe oferece outra possibilidade: uma maquete. Nela, é possível ter uma percepção maior de como de fato o empreendimento ficará.

Perceba que ambas as formas escolhidas pelo vendedor possuem um elemento central, algo ou alguma coisa utilizada para representar o empreendimento, que de fato não está concretamente construído.

Isso é um modelo, um artefato utilizado para representar algo que efetivamente não está feito. Ele é efetivamente o objeto representado? Não! Um modelo é o que chamamos de abstração, algo construído a partir de certa linguagem e que seja capaz de comunicar àquele que está vendo como é, ou como será, o objeto representado.

Está aí o grande valor de um modelo: a comunicação. Um modelo serve para comunicar, sendo que diferentes modelos podem ser mais eficientes para um determinado público-alvo.

Na nossa situação hipotética do empreendimento imobiliário, uma maquete é um modelo muito mais eficiente de representação e comunicação para um público pouco familiarizado com uma planta impressa em um papel A3.

Enquanto isso, a maquete é um modelo pouco eficiente se o objetivo for apresentarmos o empreendimento para uma equipe de construção, responsável por, de fato, concretizar o projeto do imóvel. Pior ainda se esse modelo for utilizado com um "guia" para essa construção.

Essa contraposição se dá pelo fato de que, ao construirmos um modelo, escolhemos uma linguagem de representação e, como qualquer linguagem, necessita certo afinamento para com o público-alvo.

Se você possui um conhecimento prévio dos elementos de uma planta arquitetônica, você seguramente conseguirá entender o modelo representado por ela. Por outro lado, a equipe de construção tem a obrigação de conhecer esta linguagem, pois é a partir dela que conseguirá saber como de fato o objeto construído deverá ser.

Podemos fazer uma analogia dessa situação hipotética com o universo de desenvolvimento de *software*. São inúmeras as situações dentro de um ciclo de vida de desenvolvimento que lançamos mão de modelos, para projetarmos, representarmos, comunicarmos e principalmente, termos a possibilidade de validar ideias antes que de fato construímos um artefato de *software*.

Aqui surge outro grande valor na utilização de modelos, muito eficiente em projetos de *software*: a validação. É no modelo que temos a possibilidade de validar ideias e corrigir possíveis equívocos antes da construção de fato.

Possíveis equívocos captados em modelos demandam menos esforço de correção do que se encontrados em um produto quando na fase de construção ou após ele estar pronto.

Dentro da engenharia de *software* são diversos os exemplos desse cenário, por exemplo, quando estamos projetando um banco de dados relacional, utilizamos uma linguagem própria para representar um modelo entidade relacionamento (MER), que tem como objetivo representar todas as entidades do mundo real que possivelmente têm informações a serem armazenadas em um banco de dados. Nesse cenário, é menos custoso identificarmos equívocos no atingimento do objetivo no modelo do que quando o banco de dados estiver implementado ou pior ainda, quando ele possuir um grande número de registros.

Como dissemos anteriormente, o paradigma da orientação a objetos é agnóstico às linguagens de programação, ou seja, podemos construir um sistema de *software* baseado nos pilares da OO tendo como base inúmeras linguagens de programação. Neste caso, o artefato produzido será um componente de sistêmico representado a partir de certa linguagem.

Exatamente nesse ponto, podemos utilizar modelos para representar esses componentes sem a necessidade de construir-mos eles de fato utilizando uma linguagem de desenvolvimento.

Para isso, precisamos apenas de uma linguagem de mode-lagem que nos dê suporte na representação de todas as pos-sibilidades que a abordagem orientada a objetos nos fornece e que seja passível de fácil interpretação para o público-alvo daquele modelo.

É como se estivéssemos nesse momento, projetando a planta de um edifício cujo objetivo é servir de base para os trabalhos da equipe de construção.

Aqui surge uma linguagem de modelagem padrão e uni-ficada, largamente utilizada na representação de modelos de *software*: a *Unified Modeling Language*, ou simplesmente, UML.

Na definição de seus criadores, Booch *et al.* (2006, p. 13): "é uma linguagem-padrão para elaboração da estrutura de projetos de *software*... adequada para a modelagem de sistemas".

Ainda segundo os autores, a UML é apenas uma linguagem, independente de ferramentas e do modelo de processo de desen-volvimento adotado, que tem como objetivo a documentação, especificação e visualização de artefatos de *software*. O que nos permite afirmar que:

1. A UML não é uma linguagem de programação – muito embora seja possível, a partir de ferramentas auxiliares, a geração de código em alto nível a partir de alguns tipos de modelos específicos.

2. A UML não é uma plataforma, uma IDE, ou um sistema de *software* que apoie o desenvolvimento.

3. A UML não é uma ferramenta de modelagem – existem inúmeras ferramentas de modelagem que nos permitem a construção de modelos baseados em elementos da UML.

A UML é composta por diagramas. Podemos fazer uma analogia, novamente, com as plantas da engenharia civil. Temos modelos cujo objetivo é representar as instalações hidráulicas de um edifício, enquanto em outras plantas representamos as instalações elétricas, ou seja, para cada planta, ou diagrama, temos o objetivo de representar um aspecto de um produto.

Segundo Kruchten (1995), um sistema de *software* pode ser organizado em cinco aspectos: visão de caso de uso, visão lógica, visão de processo, visão de implementação e visão de implementação, sendo que cada uma dessas visões possuem um conjunto de diagramas UML que nos auxiliam na representação de cada um desses aspectos. Essa abordagem também é compartilhada por um autor que é considerado um dos papas da engenharia de *software*: Iam Sommerville (2019).

Neste livro, não iremos nos aprofundar em cada um dos diagramas, daremos destaques apenas àqueles que nos auxiliarão a representar aspectos estáticos e dinâmicos de um sistema de *software* tendo como elementos centrais os pilares da orientação a objetos.

Na prática, utilizaremos recursos da UML, como, por exemplo, do diagrama de classes para ilustrar e explicar alguns pilares da orientação a objetos no que diz respeito a uma visão mais estática e usaremos o diagrama de sequência para representar aspectos dinâmicos de um sistema orientado a objetos.

A LINGUAGEM JAVA

Conforme falamos, o processo de desenvolvimento de *software*, seja qual for, tem como objetivo a produção de artefatos e seguramente o artefato de mais valor em todo processo é aquele produzido a partir do código, ele é a ponta do processo produtivo, é no *software* que está o valor de negócio e para o negócio.

Não é nenhuma novidade que para desenvolver ou construir um sistema de *software* precisamos de uma linguagem de programação. Acontece que, para seguirmos a abordagem orientada a objetos e usufruir dos benefícios que ela nos traz, precisamos escolher uma linguagem de desenvolvimento que possua em sua estrutura, elementos que nos possibilite desenvolver de forma concreta cada um dos pilares do paradigma.

A linguagem Java, assim como outras tantas, é uma linguagem de desenvolvimento que nos permite construir componentes de *software* baseado nos padrões estabelecidos na orientação a objetos.

Criada em 1991 pela Sum Microsystems, o Java surgiu com o objetivo de ser uma linguagem próxima às linguagens C e C++ e que pudesse ser executada em diversos sistemas de *hardware* e sem amarrações com um sistema operacional específico.

Incialmente sem muito sucesso, a linguagem Java ganhou mais adeptos e consequentemente maior aceitação no mercado após o surgimento da web e a massificação de um novo cenário: o desenvolvimento de aplicações para internet.

Isso por que a plataforma Java (que não é a linguagem) resolveu um grande problema computacional: a interoperabilidade. Como desenvolver um sistema de *software* que possa ser executado em diversos sistemas operacionais sem que haja a necessidade de reescrevermos partes desse sistema?

Eis que surge a JVM (ou *Java Virtual Machine*), que basicamente é uma "máquina imaginária" criada em qualquer sistema operacional, cujo objetivo é servir como um ambiente virtual para execução de uma aplicação. Sendo assim, podíamos desenvolver um sistema sem nos preocupar com o sistema operacional que ele seria executado, pois basicamente ele seria executado em uma "máquina apartada", a JVM.

A arquitetura da plataforma Java, somado ao fato de a linguagem ser naturalmente *open source* e mantida por uma comunidade, fez com que o Java se tornasse uma das principais plataformas para o desenvolvimento de aplicações e principalmente, que é o que nos importa aqui, por ser uma linguagem considerada orientada a objetos, ou seja, podemos construir um *software* baseado nos paradigmas da orientação a objetos utilizando Java sem nos preocupar.

No decorrer deste livro, apresentaremos os conceitos da orientação a objetos, acompanhados de exemplos representados a partir da UML e estes mesmos exemplos escritos na linguagem Java.

Você poderá preparar o seu ambiente para replicar nossos exemplos de forma muito simples. Primeiramente, faça o *download* e instale o JDK (*Java Development Kit*) – você poderá encontrar facilmente essa instalação em uma pesquisa rápida na *internet* ou diretamente no *site* da Oracle.

Feita a instalação do JDK, precisamos instalar uma IDE de desenvolvimento. Uma ferramenta que nos permita codificar, compilar e testar nossas aplicações.

No universo Java, temos inúmeras IDE's para os mais diversos gostos e sabores. Podemos citar aqui algumas das mais utilizadas, como o *Eclipse* e o *InteliJ*, ambas podem ser encontradas facilmente na *web*, são gratuitas, de fácil instalação e não requerem grandes recursos computacionais para sua execução.

Todavia, gostaríamos de deixar claro que, neste livro, não trataremos de uma ferramenta específica e nem uma versão do Java em especial. Aqui, falaremos dos conceitos da orientação a objetos aplicados ao Java e não precisaremos nos preocupar com esses aspectos, uma vez que o paradigma OO é independente da IDE de desenvolvimento que você irá adotar bem como das versões da plataforma Java.

A ORIENTAÇÃO A OBJETOS DENTRO DO CICLO DE VIDA DE DESENVOLVIMENTO

Agora que já temos uma ideia do que é a orientação a objetos, o que esperamos colher como benefícios da aplicação da abordagem e quais ferramentas e linguagens podemos utilizar na construção de artefatos baseados no paradigma, precisamos contextualizar em que momento do ciclo de vida de desenvolvimento dos nossos produtos podemos utilizá-la.

Como sabemos, na engenharia de *software* existem diversos modelos de processo de desenvolvimento, podemos citar aqui, sem nos alongar, os modelos lineares em que se derivam os modelos cascata e UP e os modelos iterativos incrementais que deram origem aos modelos ágeis.

Fato é que, independentemente de qual modelo estejamos falando ou trabalhando, temos uma sequência de atividades organizadas de forma minimamente racional e que produzem como saída artefatos que são utilizados como insumos de entrada para as atividades subsequentes.

São atividades base para todos os modelos de processo: Análise de Requisitos, Projeto, Construção ou Implementação, Testes e Implantação. Claro que, a depender da metodologia, os nomes das fases ou a terminologia podem mudar, mas de maneira geral, todas possuem essas atividades executadas nessa sequência.

A orientação a objetos é uma abordagem que tem como ênfase a construção de sistemas de *software* baseado em alguns padrões, que chamamos de pilares da orientação a objetos. Logo, podemos dizer que boa parte dos conhecimentos adquiridos a partir dessa abordagem, e que descreveremos nesse livro, possuem relação maior com atividades do ciclo de vida voltadas aos aspectos técnicos e de construção.

Podemos afirmar, portanto, que a orientação a objetos dará contribuição essencial na fase de implementação, ou construção, mas não somente nela.

É na fase de projetos, ou também chamada de *design* (mas não se engane na tradução literal do termo para o português! Não estamos falando de desenho! Estamos falando de projeto) que o paradigma OO dá também a sua contribuição.

As atividades de projeto são aquelas cujo objetivo é a definição, em alto nível, da solução. Pensamos ali em "como" vamos resolver os problemas identificados nas fases anteriores, quando damos ênfase na definição do "o que" vamos resolver.

Quando falamos em definição de projetos, estamos trabalhando na produção de modelos que possam nortear, tanto a validação da solução, quanto a construção efetivamente. Razão pela qual, os artefatos produzidos nessa fase, são insumos de entrada para a fase de implementação, quando de fato o *software* é desenvolvido.

Pois bem, se estamos construindo um sistema de *software* baseado em um determinado paradigma, seria razoável pensar que as definições de projeto e padrões deste sistema também acompanhem este paradigma.

Seguindo este raciocínio, chegamos à conclusão que, na fase de projetos, os modelos, definições e padrões que servirão como base para o desenvolvimento de um sistema de *software*, também devem seguir, ou dar suporte, aos pilares do paradigma da orientação a objetos.

Por fim, mas não menos importante, recordemos que o paradigma da orientação a objetos é agnóstico de linguagens de desenvolvimento, ou seja, podemos implementar um sistema orientado a objetos utilizando diversas linguagens (inclusive Java).

Frente a isso e aos objetivos da fase de projetos do ciclo de vida, podemos afirmar que, modelos, padrões e soluções estabelecidos na fase de *design*, representados, por exemplo, utilizando a UML, são passíveis de implementação utilizando diversas linguagens de desenvolvimento, sem a necessidade de comprometimento de uma tecnologia específica.

CAPÍTULO 2: CLASSES E OBJETOS

Neste capítulo começaremos a aprofundar cada um dos pilares da orientação a objetos e começaremos, aqui, pelos conceitos de: abstração, objetos e classes. Bem como todas as características e conceitos que envolvem cada um desses fundamentos.

ABSTRAÇÃO

Segundo o dicionário, abstração está relacionada à capacidade que nós, seres humanos, temos de analisar isoladamente uma parte, um aspecto de algo em detrimento ao todo. Esta habilidade está diretamente ligada à nossa capacidade de resolução de problemas.

Todos nós, profissionais de desenvolvimento de *software*, somos no fim das contas resolvedores de problemas. E quando digo problemas, não estou querendo dizer necessariamente uma falha ou um *bug* em um determinado sistema, mas sim, problemas de negócio, desafios impostos pelos usuários finais, clientes e mercado. Somos impelidos a criar e promover soluções para problemas reais que emergem do ambiente que estamos trabalhando.

No processo de resolução de problemas, estes podem ser tão complexos quanto se queira e nem sempre a resolução é tão simples, fácil e rápida. Não existe uma receita mágica e pronta para resolução de problemas.

Uma metodologia que pode ser eficiente neste processo é a de dividir um problema grande em problemas menores, logo, mais fáceis de serem resolvidos. À medida que vamos resolvendo estes problemas menores, automaticamente o todo é resolvido.

Isso pode ser muito fácil de ler e até relativamente tranquilo de se compreender, mas nem sempre fácil e tranquilo de se aplicar na vida prática. Isso por que o processo de decomposição do problema inicial e na sequência a resolução dos problemas menores de tal forma que o todo seja resolvido não possui uma regra ou uma metodologia, depende único e exclusivamente da nossa capacidade em enxergar o cenário como um todo.

É o que dizemos popularmente na área: "a capacidade de enxergar a floresta ao invés das árvores". Nessa alegoria, podemos tirar que, se canalizarmos todas nossas energias em um único problema (uma árvore) não conseguiremos ver todos os outros problemas que compõe o cenário (uma floresta).

A boa notícia é que essa habilidade pode ser adquirida e aperfeiçoada. Como? Quanto mais nos propusermos a resolver problemas, melhor será a nossa capacidade de abstração. O processo é semelhante aos exercícios físicos praticados em uma academia de ginástica: quanto mais praticarmos, por mais que no começo os resultados sejam menores que os sucessos, melhor nos condicionamos a novos desafios.

Apenas a título de curiosidade, essa é uma das razões pela qual alguns cursos superiores na área de exatas (como ciências da computação, por exemplo) possuem disciplinas básicas associadas a matemática e física, por exemplo. É comum que muitos alunos se questionem (alguns eventualmente bem desapontados): "Se o meu objetivo é desenvolver *software*, porque estou aprendendo Cálculo Diferencial Integral?". Aqui está a resposta. Na matemática, por exemplo, exercitamos nossa capacidade de resolver problemas, nossa capacidade de abstração, tão necessárias no dia a dia do desenvolvimento de sistemas de *software*.

A abstração é um conceito base fundamental quando falamos de orientação a objetos. É nela que está o primeiro passo do paradigma. É a partir da abstração que conseguimos definir quais objetos fazem parte da resolução de um problema, quais não fazem e principalmente, definir muito bem quando termina a responsabilidade de um objeto e começa a de outro. Falaremos isso com mais detalhes adiante.

OBJETOS

Talvez essa seja a palavra que você mais tenha lido neste livro até aqui: objetos. Ela está em todos os lugares, inclusive no título e na razão pela qual você chegou até aqui.

Com dissemos anteriormente, a orientação a objetos é uma abordagem que, inspirada no mundo real, enxerga um sistema de *software* como qualquer sistema do cotidiano: um agrupamento de componentes que interagem entre si para resolver um determinado problema.

Os exemplos estão a todo instante no dia a dia. Imagine que você queira assistir televisão. Neste momento temos claro qual é o objetivo: ligar o aparelho e projetar nele a imagem de um determinado canal ou programa desejado. Neste cenário temos dois objetos: você e a televisão que interagem entre si. Você "pede" para a televisão ligar e ela prontamente responde à sua interação. Você "solicita" que ela sintonize um determinado canal e ela assim o faz.

Todos os cenários de resolução de problemas e atingimento de missões no mundo real são compostos por elementos fundamentais: os objetos. E mais, nesse cenário poderemos ter outros tantos objetos que fazem parte da cena, mas que não contribuem ou não participam da resolução do problema.

É aqui que o conceito de objetos se cruza com a nossa capacidade de abstração. Projetar um sistema baseado em objetos não consiste apenas em sabermos o que são objetos e qual é a sua dinâmica no sistema, mas sim sabermos incluir tão e somente os objetos que fazem parte da resolução de um determinado problema.

Pensemos outra situação hipotética e imaginária. Nossa missão agora é modelar um sistema responsável pelo *check-in* automático de passageiros em um aeroporto.

Pois bem, o primeiro passo a ser dado aqui é identificar quais objetos deste cenário fazem parte da resolução do problema.

Poderíamos pensar aqui no passageiro, na companhia aérea e talvez no voo. Mas será que a torre de comando, operadores de tráfego aéreo, pilotos, copilotos, outros voos e demais companhias aéreas entrariam nessa conta?

Aqui está um dos pontos mais importantes da orientação a objetos. Devemos nos atentar em mapear tão somente os objetos que fazem parte da resolução do problema, deixando de lado objetos que fazem parte do cenário, mas que eventualmente não tem qualquer participação no atingimento de um determinado objetivo.

Essa é uma balança que precisa ser tratada com carinho. Se identificarmos menos objetos do que o necessário, poderemos incorrer em não resolver o problema ou criar "super objetos" com mais responsabilidades que deveriam ter, e isso não é legal. Em contrapartida, se incluirmos nesse grupo mais objetos do que os que fazem parte do problema aumentaremos consideravelmente a complexidade do sistema, o que é igualmente crítico.

Agora que sabemos o que são objetos, estruturas de processamento que interagem entre si para resolver um determinado problema, vamos estudar mais os aspectos desses objetos.

Atributos

Todo objeto do mundo real possui características, adjetivos que o definem. Por exemplo, eu e você temos uma altura, peso, cor de cabelo e tamanho de calçado. Carros possuem marca, modelo, motorização, ano de fabricação, cor e assim por diante.

Na orientação a objetos, damos o nome de atributos a um conjunto de adjetivos que caracterizam um objeto. Esse é o que chamamos de "jargão" da área. Dizemos sempre atributos e não adjetivos ou características, muito embora sejam sinônimos.

É importante pontuar aqui algo que comumente costuma gerar interpretações incorretas. Uma coisa são atributos e outra coisa são valores de atributos.

Por exemplo, eu possuo altura e peso, aproximadamente um metro e setenta e quatro e oitenta quilos respectivamente. Esses são os valores dos meus atributos. Você também possui altura e peso, com valores para esses atributos que são os seus. Seria no mínimo esquisito se eu falasse "eu possuo um metro e setenta e quatro". Nesse caso, eu possuo um atributo: altura, cujo valor é um metro e setenta e quatro aproximadamente.

Assim é com os objetos, objetos possuem atributos e estes podem ou não possuir valor. Inclusive, esses valores podem mudar no decorrer do processamento, o que nos dá um gancho para o nosso próximo assunto: estado.

Estado

Um objeto no universo sistêmico é semelhante a um objeto no mundo real. Ele ocupa um espaço físico único e exclusivo, o que significa dizer que, na execução de um sistema de *software*, um objeto irá alocar um espaço de memória que, assim como acontece nas variáveis e constantes que aprendemos nos primeiros estudos de algoritmos, é ocupada única e exclusivamente por ele e por mais ninguém.

Assim como as variáveis e as constantes, os atributos dos objetos podem possuir valor. Aqui a dinâmica é exatamente a mesma, por se tratar de uma área de memória, podemos atribuir valores e recuperá-los à medida que nossa lógica se desenvolve.

Todavia, diferentemente das variáveis e constantes que possuem uma estrutura não complexa, ou seja, ocupam uma área de memória com uma única dimensão, um objeto é o que consideramos estrutura complexa, ou seja, em uma área de memória criamos toda a estrutura dos atributos daquele respectivo objeto.

A Figura 2.1 mostra como é a estrutura em memória de uma variável do tipo ponto flutuante em comparação a como a estrutura de um objeto. Neste caso, estamos apenas ilustrando uma "fotografia" da área de memória do nosso sistema. Como seria uma variável chamada "saldo de conta corrente", do tipo ponto flutuante e como um objeto do tipo "cliente de banco" com os seus respectivos atributos: CPF, número de agência, número de conta corrente e saldo em conta corrente estaria disposto na memória.

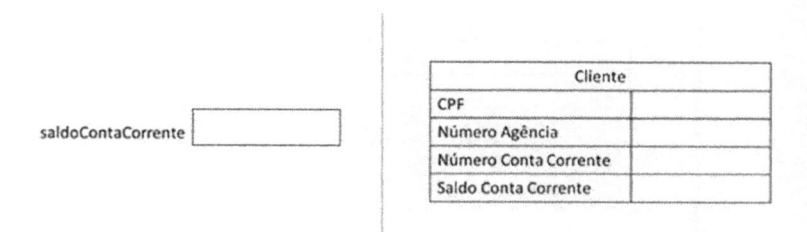

Figura 2.1 - Comparativo: estrutura de alocação de memória

Quando um objeto é criado em memória, ele "nasce" com a estrutura de seus atributos, tal como ilustrado na Figura 2.1. Seus valores, assim como quando declaramos variáveis, estão "limpos" (salvo algumas exceções que veremos mais à frente) e assim como as variáveis e as constantes, podemos atribuir valores a eles.

Imagine uma agência bancária ocupada por vários clientes. Todos possuem os mesmos atributos: CPF, número de agência, número da conta corrente e saldo de conta corrente. Conforme já discutimos, nesse cenário, cada cliente possui seus próprios valores para este atributo.

Damos o nome de "estado de um objeto" à composição dos valores atribuídos a cada um dos atributos em um determinado momento sistêmico. Voltemos ao exemplo da agência bancária para desenhar melhor este conceito.

Existe um cliente, dentre os vários que ali estão, que, ao entrar na agência possui o estado representado pela Figura 2.2. Nela podemos ver a configuração atributos e valores de atributos no momento que este entra na respectiva agência.

Cliente	
CPF	"123.456.789-10"
Número Agência	"0001"
Número Conta Corrente	"123456-78"
Saldo Conta Corrente	R$ 1.550,50

Figura 2.2 – Estado de um objeto: disposição atributos / valores de atributos

Imagine agora que, no momento seguinte, este cliente efetue um saque em conta corrente de um determinado valor. Por consequência desta operação, o valor do saldo de conta corrente deste cliente será subtraído. Em resumo, teremos uma atribuição de um novo valor para o atributo "saldo de conta corrente" e este objeto passará então a possuir um novo estado.

Podemos sintetizar que o estado de um objeto é uma "fotografia" que captura de forma estática a configuração de atributos / valores destes atributos em um determinado momento do tempo e, dado o dinamismo dos sistemas, a mesma "fotografia" pode não ser a mesma em momentos futuros.

Identidade

Conforme mencionamos anteriormente, um objeto ocupa um espaço único em memória. O que nos permite dizer que, por mais que tenhamos objetos que em um primeiro momento pareçam semelhantes, eles nunca serão iguais.

Objetos podem possuir os mesmos atributos (vide o exemplo da nossa agência bancária), podem possuir inclusive os mesmos valores de atributos, mas nunca teremos um objeto igual ao outro. Pelo simples fato que, se ocupam espaços diferentes de memória, não podem conceitualmente serem considerados iguais.

Identidade é o aspecto da orientação a objetos que confere unicidade a um objeto. Todo objeto possui uma identidade.

Imagine o seguinte cenário hipotético: você entra em um estacionamento, destes com estilo pátio de montadoras de veículos. Você avista ali um grande número de veículos brancos iguaizinhos! Neste momento eu proponho a seguinte reflexão: Estes carros são iguais?

Você poderia argumentar "todos são brancos, todos são do mesmo modelo, mesma marca, mesma motorização, mesmo tudo! Logo, podemos chegar à conclusão de que são iguais".

Seguindo a linha de pensamento do aspecto identidade de um objeto da orientação a objetos eu contra-argumentaria com algo do gênero: "Quantos carros você está vendo? Eles ocupam áreas de memória (ou vagas) diferentes?".

Se você estiver vendo uma grande quantidade de carros, então estes carros não são iguais. Cada um possui sua própria identidade, ocupa seu próprio espaço. Por mais que possuam os mesmos atributos e ainda os mesmos valores de atributos e ainda que, em um determinado momento do tempo, eles possuam um estado semelhante, eles não são iguais! Cada objeto, ou cada veículo, possui sua própria identidade.

Métodos

Objetos no mundo real possuem atributos e comportamentos, ou seja, executam ações de tal forma a atingir um determinado objetivo. Por exemplo, televisões ligam, sintonizam canais e aumentam o volume. Enquanto carros podem ligar, andar, frear ou acender e apagar faróis.

Os comportamentos ou as ações que os objetos executam, dentro do paradigma da orientação a objetos, chamamos de métodos.

Métodos são ações, comportamentos, executados pelos objetos que podem promover certo processamento sistêmico ou até mesmo, alterar o estado do próprio objeto que executa o método.

O exemplo do saque do nosso cliente na agência bancária ilustra muito bem este cenário. Ele possuía um determinado estado, um valor atribuído ao atributo saldo de conta corrente. A sua ação, ou o seu método, de "sacar de conta corrente" alterou no momento seguinte o seu estado.

Se compararmos ao paradigma procedural ou estruturado, um método pode se equivaler a uma função. Mas as comparações ou equidades param por aqui.

Os métodos são as unidades de processamento de um objeto, é ali que o aspecto dinâmico de um sistema de *software* se dá. Nos métodos, implementamos os nossos algoritmos, com tudo o que a disciplina nos traz: variáveis, constantes, operadores aritméticos, operadores lógicos relacionais, estruturas de decisão, laços de repetição e assim por diante.

Mais do que um comportamento, um método define o protocolo de comunicação entre os objetos do sistema. O processamento de dados, em um sistema de *software* orientado a objetos, se dá a partir da troca de mensagens entre os objetos, mensagens estas que tem como objetivo, estimular a execução de um determinado método.

Pensemos a seguinte situação. Nosso objetivo é assistir a um jogo de futebol na televisão. Pois bem, temos nesse cenário, dois objetos: eu (ou você) e a televisão. A seguinte sequência de comportamentos ou interações é executada:

1. Você "fala" para a televisão: "liga" e ela liga;
2. Você envia um comando para a TV: "sintonize o canal X" e ela prontamente sintoniza no canal desejado.

Pronto! A partir dessa troca de mensagens entre você e a televisão o objetivo foi alcançado. Mas vamos detalhar um pouco mais essa sequência de comunicação.

A televisão possui um método, "ligar" (ou algo do gênero), que está apto a ser executado a partir de uma mensagem enviada por outro objeto (neste caso, o telespectador). Assim como, o método "sintonizar canal" que igualmente é estimulado a partir de outra mensagem.

Métodos ou comportamentos são executados, ou estimulados, a partir de mensagens, ou da troca de mensagens. É o que estabelece a ligação entre dois objetos sob o ponto de vista comportamental em um sistema de *software*.

Dissecando métodos

Assim como no universo das funções, para e execução de uma determinada tarefa, os métodos podem ou não necessitar de informações adicionais por parte daquele que o está invocando. Chamamos isso de parâmetros de entrada.

Os parâmetros de entrada, que podem ou não serem necessários em um método (a depender do que precisa ser feito), são informações enviadas na mensagem e que são necessárias para que o objeto, que está recebendo a mensagem execute, um determinado algoritmo.

Lembrando que um método também define a forma como os objetos se comunicam, imagine a seguinte situação. Você tem conhecimento e capacidade de calcular o salário líquido de uma pessoa, mas para isso, precisa de uma única informação: o salário bruto desta pessoa. Nesse caso, você possui um método "calcular salário líquido". Se eu pedisse para você (ou enviasse uma mensagem): "Calcule o meu salário líquido", de pronto você exigiria uma informação: o meu salário bruto. Sem ela, você não consegue executar o seu algoritmo.

Pois no cenário acima, o seu método "calcular salário líquido" requer um parâmetro de entrada: o salário bruto. Um método pode ter mais de um parâmetro de entrada, claro, a depender do que precisa ser feito. Se além de salário líquido, você precisasse do número de dependentes ou até do valor de descontos adicionais, você teria, neste método, dois ou três parâmetros de entrada.

Por outro lado, existem métodos que não possuem parâmetros de entrada. Isso porque simplesmente não necessitam de informações adicionais por parte de quem o está invocando.

Por exemplo, você tivesse um método "informar idade", não necessitaria de maiores informações para executar sua lógica. Se eu perguntasse: "Qual é a sua idade?", você não ficaria esperando nada mais de minha parte.

Além de possuir ou não parâmetros de entrada, um método pode ou não retornar alguma informação para quem o está invocando.

Pegando como base o exemplo anterior, se eu perguntasse qual é a sua idade, a dinâmica natural desta "conversa" é que eu ficasse aguardando uma resposta de sua parte, uma resposta do seu método. Eu lhe pergunto, e fico esperando uma resposta, enquanto esta não vem, eu nada mais faço. Neste momento, o processamento passa para o seu lado, você faz as contas, baseada na data de nascimento e na data atual e me retorna o valor. Agora o processamento volta para o meu lado.

Uma regra importante, quando falamos sobre retorno de métodos, é que, caso de fato este tenha de retornar algo, apenas um tipo de dado é possível de ser retornado. Podemos retornar tipos primitivos, estruturas de dados como vetores e matrizes ou até mesmo objetos, mas nunca mais de um tipo.

Não poderíamos, portanto, ter um método que retorne um número e um texto ou mesmo um vetor e um objeto. Neste caso, ou ele retornará um número OU um texto; um vetor OU um objeto.

Podemos ter também métodos que não retornem nenhum dado para quem o está chamando. Talvez o exemplo mais significativo seja o proveniente do primeiro código que todos aprendemos quando estamos começando a estudar uma determinada linguagem: o "Olá Mundo!".

Neste exemplo temos apenas a chamada a um método, cujo objetivo é imprimir ou exibir uma mensagem na tela. O que passamos como parâmetro de entrada para este método, ele imprime.

O método imprimir, ou no Java *"println"*, recebe parâmetros de entrada: o texto a ser impresso, mas não retorna nada para quem o está chamando. Isso porque simplesmente não há necessidade. Pedimos para imprimir, enviamos o texto e a conversa acaba por aí.

Chegamos à conclusão até aqui que um método pode ou não receber parâmetro(s) de entrada e pode ou não retornar valores. Mas existe uma última propriedade dos métodos para finalizarmos essa "dissecação".

Todo método possui um nome, um identificador. Falamos aqui inúmeras vezes coisas como "sacar de conta corrente", "calcular salário líquido", "informar a idade" ou "imprimir texto na tela".

Estes são exemplos de identificadores, de nomes dos métodos. Por se tratar de uma ação, diz a boa prática, que o nome de um método deve ser sempre um verbo no infinitivo podendo ou não ser acompanhado de alguma informação adicional que dê maior clareza ao que este comportamento se dispõe a fazer.

Algumas dicas:

1. Não dê nome de métodos desconexos com o contexto do objeto que ele faz parte.

2. Utilize sempre o padrão: verbo no infinitivo seguido (ou não, a depender do contexto) do objeto dessa ação. Por exemplo: calcular valor de frete, obter saldo devedor.

3. Não dê nomes muito longos e prolixos.

O conjunto: nome do método + parâmetros de entrada + tipo de retorno compõe o que chamamos de assinatura do método. Essa assinatura é o protocolo completo da comunicação entre dois objetos. Falaremos bastante este termo quando estudarmos polimorfismo.

CLASSES

Até agora falamos sobre os aspectos conceituais dos objetos, o que são, para que servem, possuem atributos, possuem métodos. Mas você deve estar se perguntando em que momento iremos descer um pouco mais o nível e começar a falar sobre algo mais concreto: como representamos um objeto ou mesmo como escrever um código que comece a trabalhar com os conceitos de objetos que vimos até então. Eis que chegamos ao conceito de Classe.

Podemos considerar uma Classe como a especificação de um objeto. Enquanto um objeto e um "mecanismo vivo", capaz de alocar um espaço em memória, possuir um estado e realizar comportamentos, uma Classe é uma estrutura estática, um molde de onde o objeto será criado.

É na Classe que especificamos e declaramos os atributos de um objeto e é nela também que não apenas declaramos seus métodos, mas como também os "recheamos" com seus algoritmos. Ao mesmo passo que podemos considerar uma Classe como a especificação de um objeto, dizemos que um objeto é uma instância de uma classe.

Pegando novamente o nosso exemplo dos muitos clientes em uma agência bancária, poderíamos concluir, portanto, que temos muitos objetos do tipo cliente, ou ainda, que temos muitas instâncias da classe cliente. Isso porque, podemos ter inúmeros objetos "nascidos" a partir da mesma classe.

Lembre-se, nesse ponto, do que falamos sobre identidade de objetos. Por mais que tenhamos mais de um objeto sendo instanciado a partir de uma classe, eles nunca serão idênticos e possuirão uma área de memória única e exclusiva.

Começaremos neste momento, uma série de explicações que conterão: a representação do conceito utilizando a UML e como escrevemos um código em Java para implementação do conceito. Iniciaremos agora com Classe.

Criando uma Classe

Na UML, representamos uma Classe como ilustra a Figura 2.3. Nela podemos verificar no topo o identificador da Classe, neste exemplo, "Cliente, e logo abaixo dois espaços em branco que veremos logo em seguida.

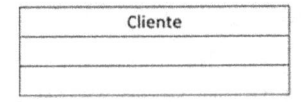

Figura 2.3 – Representação de uma Classe na UML

Para criar uma Classe no Java, precisamos escrever os códigos fonte em arquivos com a extensão ".java", sendo que o nome da Classe obrigatoriamente deve ser o nome do arquivo. Feito isso, basta seguirmos o molde como mostra a Figura 2.4.

```
                         Cliente.java
01      public class Cliente {
02
03
04           }
```

Figura 2.4 – Escrevendo uma Classe em Java

Declarando atributos

Como dissemos anteriormente, é na Classe que especificamos, ou declaramos, os atributos de um objeto.

Na UML, representamos os atributos no espaço logo abaixo do identificador da Classe, como mostra a Figura 2.5. Na declaração dos atributos devemos também nos atentar a dois detalhes além do identificador do atributo: o nível de visibilidade (que veremos mais detalhadamente no Capítulo 3) e o tipo de dado atributo.

Os tipos de dados a serem declarados nos atributos seguem o mesmo pensamento racional que utilizamos quando declaramos uma variável ou uma constante em algoritmos.

No Java, para falar apenas dos tipos de dados primitivos, temos os tipos descritos na Tabela 2.1.

	Tipo	Tamanho
Tipos de Dados Numéricos Inteiros	byte	8 bits
	short	16 bits
	int	32 bits
	long	64 bits
Tipos de Dados Numéricos de Ponto Flutuante	float	32 bits
	double	64 bits
Tipos de Dados de Caracteres Unicode	char	NA
Tipos de Dados Booleanos (*true* ou *false*)	boolean	NA

Tabela 2.1 – Tipos de Dados Primitivos Java

Poderíamos ainda ter tipos de dados que derivem de estruturas de dados como vetores e matrizes. Você pode estar se perguntando: "Mas e o tipo *String*?!". No Java, *String* (texto) não é considerado um tipo de dado primitivo, mas sim uma Classe (assim como outros, como os *Lists* e as *Collections*). Para este tipo de caso, estudaremos os conceitos de Composição e Agregação no Capítulo 9.

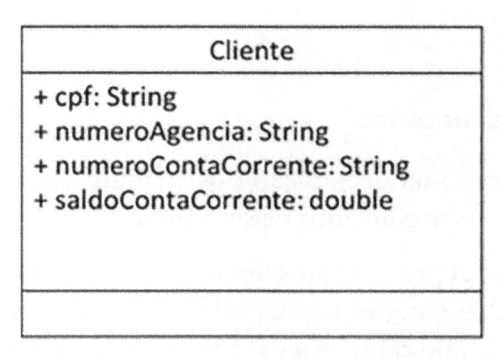

Figura 2.5 – Representando Atributos na UML

Ainda na Figura 2.5, podemos ver a declaração de um atributo seguindo o seguinte formato: *nível de visibilidade* (que veremos com maiores detalhes, mas que no exemplo da figura é um sinal "+") + *nome do atributo* (cabe ressaltar aqui que as regras de nomenclatura seguem as mesmas regras de declaração de variáveis e constantes) + ":" + *tipo de dado*.

No Java, os atributos são declarados e escritos no corpo da Classe, preferencialmente logo após a identificação, como mostra a Figura 2.6. Nela, podemos ver o seguinte padrão de declaração: *nível de visibilidade* (que veremos com maiores detalhes, mas que no exemplo da figura é *public*) + *tipo de dado* + *nome do atributo* (cabe ressaltar aqui que as regras de nomenclatura seguem as mesmas regras de declaração de variáveis e constantes).

```
                      Cliente.java
01      public class Cliente {
02          public String cpf;
03          public String numeroAgencia;
04          public String numeroContaCorrente;
05          public double saldoContaCorrente;
06
07      }
```

Figura 2.6 – Declarando atributos de uma Classe em Java

Declarando métodos

Assim como na declaração dos atributos, é na Classe que declaramos e especificamos os seus métodos.

Na UML, representamos apenas a assinatura do método, sem sua implementação, como podemos ver na Figura 2.7. Além da assinatura, que como vimos, é composta do nome do método, parâmetros de entrada e tipos de retorno, temos o nível de visibilidade (que estudaremos em profundidade no Capítulo 3) e que aqui é representada apenas com o sinal "+". A declaração do método é feita no espaço abaixo destinado a especificação dos atributos da Classe.

Ainda na Figura 2.7, podemos ver o seguinte padrão de nomenclatura: *nível de visibilidade* (que veremos com maiores detalhas, mas que no exemplo da figura é um sinal "+") + *nome do método* + *entre parênteses os tipos de dados dos parâmetros de entrada (se houver)* + *":"* + *tipo de retorno (se houver; não havendo retorno, void)*.

Uma observação importante aqui. No Java, utilizamos a palavra reservada *"void"* na declaração de um método que não possua qualquer tipo de retorno. Havendo algum tipo de retorno, especificamos com a palavra reservada do respectivo tipo, não havendo, *void*.

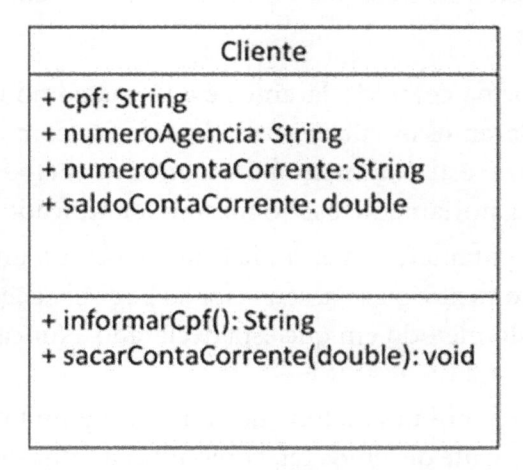

Figura 2.7 – Representando Métodos na UML

No Java, declaramos os métodos, preferencialmente, logo após a declaração dos atributos (por uma questão de organização e boas práticas e não por obrigação). Diferentemente da UML, cujo objetivo é modelar uma Classe, é no código que construímos os métodos de forma completa, afinal de contas, são os eles os responsáveis pelo processamento em um sistema orientado a objetos.

A Figura 2.8 mostra como escrevemos a assinatura de um método seguindo o padrão: *nível de visibilidade* (que veremos com maiores detalhes, mas que no exemplo da figura é *public*) + *tipo de dado de retorno (se houver; não havendo, void) + nome do método + parâmetros de entrada (se houver) no formato tipo de dado | nome do parâmetro.*

Caso não haja parâmetros de entrada, não haverá nada dentro dos parênteses da assinatura do método e caso haja mais de um, eles são separados por "," (vírgula) e sua declaração segue o padrão *tipo de dado + nome do parâmetro.*

Com relação ao nome dos parâmetros, a regra é semelhante à quando estamos trabalhando com variáveis e constantes em algoritmos:

- A forma como declaramos é a forma como usamos. Se declaramos um parâmetro identificado como "saldo", ao utilizar este parâmetro no decorrer do método devemos obrigatoriamente usar o mesmo identificador.
- Um parâmetro de entrada funciona como uma variável de contexto, ou seja, seu valor só pode ser acessado dentro do método em que está declarado. Nunca fora dele.

Quando temos um método que retorna algum tipo de valor, obrigatoriamente devemos ter, como última linha de processamento, a palavra reservada "*return*" acompanhada do valor a ser retornada. Essa palavra reservada faz com que o processamento seja direcionado para quem invocou o método com a respectiva informação de retorno.

```
                        Cliente.java
01    public class Cliente {
02        public String cpf;
03        public String numeroAgencia;
04        public String numeroContaCorrente;
05        public double saldoContaCorrente;
06
07        public String informarCPF() {
08            return this.cpf;
09        }
10
11        public void sacarContaCorrente(double valor) {
12            if(this.saldoContaCorrente >= valor) {
13                this.saldoContaCorrente -= valor;
14            }
15        }
16
17    }
```

Figura 2.8 – Declarando métodos de uma Classe em Java

Ainda na Figura 2.8, alguns pontos importantes devem ser observados e explicados:

- Linha 07: repare que este método retorna um tipo de dado *String* e que não possui parâmetros de entrada, logo, os parênteses da assinatura do método estão vazios;

- Linha 08: a palavra reservada *"return"* é obrigatória para métodos que retornam algum tipo de informação, caso contrário, nossa Classe terá um erro de compilação;

- Linha 08: a palavra reservada *"this"* antes do "cpf". O *"this"* é o que chamamos de prefixo (e ele não é o único, veremos mais alguns na sequência do livro). Este prefixo pode ser suprimido, ou seja, seu uso não é obrigatório, e ele apenas indica que o atributo da sequência, no caso o "cpf", está declarado na própria Classe. O prefixo *"this"* pode ser usado tanto para atributos quanto para métodos, tendo em ambos o mesmo contexto e significado;

- Linha 11: repare que este método não retorna nenhum tipo de dado, logo, na assinatura do método, temos a palavra reservada *"void"* e não temos, por consequente, a necessidade do uso do *"return"* dentro do método;

- Linha 11: na declaração do parâmetro de entrada temos a especificação do tipo de dado, bem como a identificação dele. Perceba que no decorrer da implementação do método, nas linhas 12 e 13, ao utilizarmos este parâmetro, usamos exatamente o mesmo identificador, neste caso: "valor". Vale lembrar aqui, que o nome do parâmetro é de livre escolha por parte do desenvolvedor;

- Linhas 12, 13 e 15: na implementação de um método, escrevemos o nosso algoritmo. Podemos, como é o caso do exemplo, utilizar todos os recursos de lógica de programação;

- Linha 13: quando estamos fazendo uma atribuição de valor para o atributo "saldoContaCorrente", no caso, estamos decrescendo o valor dele, estamos mudando o estado do objeto que porventura seja uma instância da Classe "Cliente".

Instanciando um objeto

Como dissemos, uma Classe por si só não é nada mais do que a especificação de um objeto. Ela não possui alocação de memória, estado, identidade e nem é capaz de executar um comportamento. Muito embora os métodos estejam especificados em sua estrutura, não é ela quem efetivamente processa o algoritmo, mas sim, o objeto.

Aqui temos um ponto muito importante. Uma Classe, por coerência de conceito, não pode ser instanciada nela mesma.

Ao instanciar uma Classe, criamos um objeto, que está apto, por exemplo, a receber mensagens e uma mensagem só é enviada de um objeto para outro.

Para instanciarmos um objeto, precisamos fazê-lo em outra Classe e esta passará a ter uma referência para a Classe a ser instanciada. No Java, eventualmente precisaremos fazer uso de importações para estabelecer a conexão entre classes de pacotes diferentes, mas isso é assunto para o Capítulo 11.

Na Figura 2.9, criamos um arquivo ".java", chamado "TesteClasse.java". Nele, como você pode perceber, temos um método *"main"*, que é o que chamamos de ponto de entrada de uma aplicação Java. É o método que será executado automaticamente e primeiramente pela JVM.

Para instanciar um objeto, precisamos seguir a taxonomia padrão: *nome da Classe + nome do objeto + = new nome da Classe + ()*. Aqui, o nome do objeto pode ser definido pelo desenvolvedor e as regras são as mesmas que seguimos quando estamos declarando uma variável ou uma constante.

```
TesteClasse.java
01    public class TesteClasse {
02
03        public static void main(String[] args) {
04
05            Cliente cliente = new Cliente();
06
07        }
08    }
```

Figura 2.9 – Instanciando um objeto no Java

Ainda na Figura 2.9, alguns pontos importantes devem ser observados:

- Linha 05: perceba aqui o padrão de criação de um objeto no Java – *nome da Classe* (no caso, Cliente) + *nome do objeto* (neste exemplo, cliente, com "C" minúsculo) + = *new nome da Classe* (neste caso, Cliente);

- Linha 05: você pode estar se perguntando por que criamos um objeto de nome "cliente" (com "C" minúsculo). Apenas para ilustrar que podemos criar um objeto com o nome que quisermos (inclusive com o mesmo nome da Classe, como é o nosso caso). Aqui, vale a mesma regra quando estamos declarando variáveis e constantes;

- Após a linha 05 ser executada, uma estrutura em memória será criada com a estrutura do objeto sendo definida de acordo com o declarado na Classe. A Figura 2.10 mostra um exemplo da estrutura do objeto criada;

- Em versões mais recentes do Java, podemos substituir o tipo da Classe na declaração do objeto pela palavra reservada "*var*". Neste caso, a linha 05 ficaria assim: "*var cliente = new Cliente();*".

⊙ cliente	Cliente (id=21)
◦ cpf	null
◦ numeroAgencia	null
◦ numeroContaCorrente	null
◦ saldoContaCorrente	0.0

Figura 2.10 – Representação do estado de um objeto após ser instanciado

Atribuindo valores aos atributos

Vimos na sessão anterior que ao instanciarmos um objeto, este passa a ter um estado e que, pelo que estudamos até o momento, é um estágio em que seus atributos não possuem valores atribuídos.

Discutiremos mais adiante as boas práticas para atribuição de valores diretamente a um objeto, mas por hora, vamos estudar todas as possibilidades em se desenvolver essa tarefa.

Para fazer uma atribuição de valor em um atributo, a sintaxe é muito parecida com a operação de atribuição de valores a variáveis em algoritmos. A diferença está apenas em acessarmos o atributo a partir do nome do objeto, como mostra a Figura 2.11.

```
                    TesteClasse.java
01   public class TesteClasse {
02
03      public static void main(String[] args) {
04
05         Cliente cliente = new Cliente();
06         cliente.cpf = "123.456.789-10";
07         cliente.saldoContaCorrente = 1550.50;
08      }
09   }
```

Figura 2.11 – Atribuindo valores aos atributos de um objeto

Ainda na Figura 2.11, alguns pontos importantes a serem destacados:

- Linha 06: perceba a forma de sintaxe composta pelo *nome do objeto* + "." + *nome do atributo*. Essa é uma taxonomia obrigatória. O desenvolvedor tem a total liberdade de escolher o nome do objeto bem como a identificação do atributo, mas não a forma como a atribuição é feita;

- Linha 06 e 07: importante notar que na atribuição, devemos respeitar os tipos de dados dos atributos;

- Após a execução da linha 07, o objeto passa a ter um novo estado, como mostra a Figura 2.12.

⊙ cliente	Cliente (id=23)
⟩ ○ cpf	"123.456.789-10" (id=25)
○ numeroAgencia	null
○ numeroContaCorrente	null
○ saldoContaCorrente	1550.5

Figura 2.12 – Representação do estado de um objeto após atribuição de valores aos atributos

Invocando métodos

Temos que ter sempre em mente que os métodos são o protocolo de comunicação entre dois objetos, este definido pela assinatura, declarada no corpo da Classe e que qualquer que seja a forma de invocação, ou de chamada, destes métodos, devemos respeitar justamente este contrato.

A comunicação entre dois objetos, na UML, por exemplo, só pode ser capturada, ou modelada, a partir do uso de diagramas que permitam o desenho de aspectos dinâmicos, como as idas e vindas dos métodos e das informações que estes necessitam para essa "conversa" acontecer. O diagrama da UML que melhor captura essa perspectiva é o Diagrama de Sequência.

O Diagrama de Sequência tem como elementos centrais a linha do tempo, ou a ordem temporal, em que ocorrem as trocas de mensagens entre os objetos, o ciclo de vida em que um objeto permanece em processamento e, por fim, captura a mecânica das mensagens: se possuem parâmetros de entrada ou não, ou se retornam algum tipo de valor.

A Figura 2.13 mostra como seria a dinâmica de chamadas e retornos de um objeto originário da nossa classe exemplo

"TesteClasse" para um objeto instanciado a partir da Classe "Cliente".

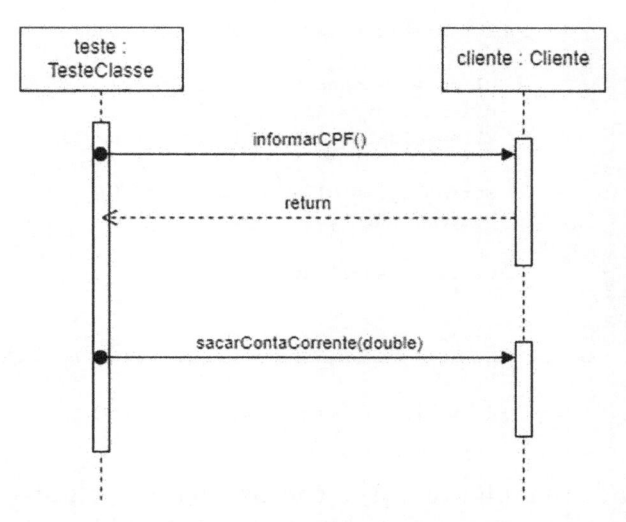

Figura 2.13 – Representação Dinâmica de chamadas e retornos de métodos utilizando Diagrama de Sequência UML

No Java, a forma de chamadas de métodos se assemelha muito à maneira que invocamos funções, se tirarmos como base o paradigma procedural. A única diferença está na explicitação do objeto responsável, ou que contém o respectivo método, como mostra a Figura 2.14.

```
                        TesteClasse.java
01    public class TesteClasse {
02
03       public static void main(String[] args) {
04
05          Cliente cliente = new Cliente();
06          cliente.cpf = "123.456.789-10";
07          cliente.saldoContaCorrente = 1550.50;
08
09          String cpf = cliente.informarCPF();
10          System.out.println(cpf);
11
12          cliente.sacarContaCorrente(100.00);
13
14       }
15    }
```

Figura 2.14 - Inovando métodos no Java

Ainda na Figura 2.14, vamos analisar alguns aspectos importantes:

- Linha 09: após chamada ao método "informarCPF", o processamento será direcionado para a Linha 08 da Figura 2.7;

- Linha 09: repare que o método "informarCPF" não possui parâmetros de entrada, mas possui um retorno. Este retorno é capturado na variável "cpf";

- Linha 10: a função de impressão irá escrever "123.456.789-10" no console da nossa aplicação de teste. Isso porque o método "informarCPF" retorna, para quem o estiver chamando, o valor do atributo "cpf" do objeto "Cliente", ou seja, o que estiver no estado do objeto naquele momento;

- Linha 12: o método "sacarContaCorrente" não retorna nenhum valor, logo não precisamos nos preocupar em criar uma variável para receber qualquer tipo de informação. Porém, este método recebe um parâmetro de entrada, um parâmetro do tipo *double*. Para quem está chamando o método, pouco importa o nome do parâmetro, importante e obrigatório é saber qual é o tipo de dado. Passamos neste instante um valor para o método, que no exemplo é igual a "100.00";

- Linha 12: no momento da chamada do método "sacarContaCorrente", o processamento é transferido para a Linha 12 da Figura 2.7. Para o nosso exemplo, nesta hora, o valor do parâmetro de entrada / variável do escopo do algoritmo "valor" será "100.00";

- Se déssemos um passo adiante na execução do método "sacarContaCorrente", no nosso exemplo, teríamos a comparação dos valores do parâmetro "valor" com o atributo "saldoContaCorrente" (Linha 12 da Figura 2.7). Neste instante, como "1550.50" é maior que "100.00", o valor do atributo será decrescido (Linha 13, Figura 2.8), logo, o estado do objeto será alterado.

Parâmetros por valor e parâmetros por referência

Para explicar melhor qual é a diferença entre a passagem de parâmetros por valor ou por referência, vamos fazer montar outro exemplo. Criaremos uma nova Classe, representada na Figura 2.15, que possuirá apenas dois métodos.

Um dos métodos receberá um valor e subtrairá 20% deste valor. O outro método fará algo semelhante, mas ao invés de receber um valor do tipo "*double*" como parâmetro, receberá um objeto do tipo "Produto" e irá realizar a operação de subtração do valor do produto baseado no atributo "valorProduto" do próprio objeto.

```
                      Produto.java
01    public class Produto {
02        public double valorProduto;
03
04        public void diminuirValor(double valor) {
05            valor = 0.8 * valor;
06        }
07
08        public void diminuirValorProduto(Produto produto) {
09            produto.valorProduto = 0.8 * produto.valorProduto;
10        }
11
12    }
```

Figura 2.15 – Representação de métodos com parâmetros por valor e por referência

Desenvolveremos agora uma Classe que irá "exercitar" os métodos da classe "Produto". Chamaremos essa classe de "TesteProduto", conforme mostra a Figura 2.16.

Neste exercício, faremos chamadas aos dois métodos "diminuirValor" e "diminuirValorProduto". Perceba que para o primeiro caso, estamos declarando uma variável chamada "valorProduto" (Linha 06), atribuindo um valor igual a "220.00" e passando a própria variável como parâmetro de entrada para o método (Linha 07). Enquanto para o segundo caso, estamos instanciando um novo "Produto", chamado "produtoB" (Linha 10), atribuindo o mesmo valor (220.00), ao atributo "valorProduto" deste objeto e passando ele mesmo como parâmetro na chamada ao método "diminuirValorProduto" do objeto "produtoA" (Linha 12).

```
                          TesteProduto.java
01    public class TesteProduto {
02
03        public static void main(String[] args) {
04
05            Produto produtoA = new Produto();
06            double valorProduto = 220.00;
07            produtoA.diminuirValor(valorProduto);
08            System.out.println(valorProduto);
09
10            Produto produtoB = new Produto();
11            produtoB.valorProduto = 220.00;
12            produtoA.diminuirValorProduto(produtoB);
13            System.out.println(produtoB.valorProduto);
14        }
15    }
```

Figura 2.16 – Exercitando métodos com parâmetros por valor e por referência

Ao executar a nossa classe de testes, os comandos de impressão escritos nas linhas 08 e 13, nos darão a seguinte sequência de valores em tela: "220.00" e "176.00" respectivamente.

Isso por que a primeira chamada, descrita na linha 07, trabalha com o conceito de passagem de parâmetro por valor. É como se estivéssemos fazendo uma atribuição a uma nova variável, que no caso é o parâmetro de entrada descrito na Linha 04 da Figura 2.15.

Nos casos em que há passagem por valor, por mais que internamente o método altere o valor deste parâmetro, este valor não se refletirá no contexto do objeto que está chamando esse método. Essa é a razão pela qual a nossa variável "valorProduto" não é alterada no contexto da classe "TesteProduto".

Em contrapartida, a chamada do método "diminuirValor-Produto" (Linha 12) parece ter alterado de fato o estado do objeto "produtoB". A razão para este fenômeno é simples: sempre que passamos um objeto como parâmetro de um método, estamos utilizando a passagem por referência.

Na passagem por referência, passamos "por debaixo dos panos" não o valor de uma variável, mas sim o seu endereço em memória.

Voltando ao nosso exemplo, o método "diminuirValorProduto" está alterando diretamente o objeto passado na chamada, isso porque, o que ele recebe é a referência em memória para este objeto, logo, o resultado se reflete não só no contexto do método, mas também na nossa classe "TesteProduto".

Em resumo, por padrão, quando estamos passando uma variável de tipo primário como parâmetro de entrada, estamos trabalhando por padrão com passagem do tipo valor. Enquanto isso, quando estamos passando um objeto como parâmetro de entrada, o padrão é a passagem por referência.

CAPÍTULO 3:
ENCAPSULAMENTO

Neste capítulo iremos abordar a importância em se definir bem as responsabilidades e o contexto de atuação de um objeto. Falaremos sobre os níveis de visibilidade que métodos e atributos podem ter e as boas práticas quanto à exposição dos atributos dos objetos a partir do uso dos métodos *getters* e *setters*.

DEFININDO RESPONSABILIDADES

A definição das responsabilidades de cada objeto talvez seja das tarefas mais difíceis dentro da fase de projetos de um sistema de *software* orientado a objetos. Isso porque todas as definições e visões originadas nessa fase darão uma noção de qual o nível de atingimento dos benefícios de componentização, reúso e manutenibilidade previstos no uso do paradigma.

O princípio da orientação a objetos nos traz que cada classe deve ter uma responsabilidade e um único propósito de existir.

Neste aspecto, é impraticável que tenhamos objetos com muitas funções e/ou métodos que não estejam relacionados ao seu contexto. Objetos com essa natureza produzem classes de mais difícil manutenção, seja em termos de evolução ou na busca de algum erro ou problema.

Vamos novamente a uma alegoria do mundo real. Você, novamente, gostaria de assistir ao seu programa preferido na televisão.

Como já falamos, neste cenário, existem dois objetos: você e o equipamento de TV e este possui um método que dá início a toda sequência para o atingimento do seu objetivo: o método "ligar". Vamos nos debruçar neste método.

É factível imaginar que tenhamos métodos "auxiliares" associados a esse comportamento, como, por exemplo: "energizar placa principal", "comunicar com decodificador", "conectar com internet" e "projetar imagem na placa de LED". Evidentemente podemos ter uma infinidade de outros tantos, mas vamos dar ênfase somente nesses.

Imagine que o objeto TV execute todos esses métodos em sequência e que cada um destes tenha uma regra de negócio e um tratamento de erro específico e complexo. Por exemplo, caso não seja possível comunicação com o decodificador, uma mensagem deve ser exibida ou um *led* deve mudar de cor.

Agora imagine se todos esses métodos não ficassem na alçada da TV, mas sim do telespectador, no caso, você. Qual seriam as dificuldades, os benefícios e os malefícios?

A priori, já podemos pensar que a simples tarefa de ligar o aparelho se tornaria muito mais complexa, quase uma tarefa para um especialista em eletrônica. Você deveria energizar a placa, comunicar com o decodificador, conectar com a internet e projetar a imagem na placa de LED. A responsabilidade passaria a ser sua e qualquer tratamento de erro ou falha nessa execução também ficaria na sua conta.

Neste caso, temos um clássico exemplo de inversão de responsabilidades. Muito embora os comportamentos sejam da TV, você os toma para si, tornando uma tarefa que seria simples, mais complexa. Mas não é só isso.

Imagine que tenhamos que mudar alguma coisa no comportamento "conectar com a internet". Algo do gênero: "caso a internet não esteja disponível, acender o *led* indicativo na cor vermelha e desabilitar todos os aplicativos que utilizem este tipo de conexão".

Na melhor das hipóteses, essa alteração ficaria somente na "classe" televisão, mas como as responsabilidades já não estão totalmente definidas, não podemos descartar uma alteração maior. E exatamente aqui que temos um problema grave.

Quando não sabemos onde exatamente devemos fazer uma alteração, essa manutenção se torna mais custosa, seja em termos de análise e codificação, seja no campo dos testes e das validações.

Quando estamos projetando ou mesmo construindo um sistema orientado a objetos, é grande a tentação de construirmos "superclasses", aquelas cujo escopo é resolver todos os problemas do sistema, com a falsa ilusão de que essa abordagem facilita o desenvolvimento e aumenta a produtividade. Mas como vimos, quanto mais objetos autônomos tivermos, com suas responsabilidades muito bem definidas, maior é a componentização, o reúso (por consequente a produtividade) e a manutenibilidade.

Existe um pilar da orientação a objetos que trata especificamente da divisão clara de responsabilidades: o encapsulamento.

Encapsulamento é a capacidade que um objeto tem de "esconder" detalhes da implementação de parte de seus métodos do restante do ecossistema de objetos que compõe o sistema, expondo para o protocolo de comunicação, apenas o necessário.

Ainda, podemos dizer que essa capacidade faz com que os objetos limitem acesso direto aos seus dados, expondo apenas as funcionalidades que operam esses dados e não necessariamente as próprias informações. Todo este conjunto de características promove o que chamamos de baixo acoplamento.

Tudo o que queremos em um sistema orientado a objetos é baixo acoplamento e alta coesão. Ou seja, objetos com responsabilidades muito bem definidas e um nível de dependência baixo entre eles.

Não existe uma regra infalível para o atingimento desses atributos de qualidade, tampouco para implementação do encapsulamento. Mas fica uma dica, sempre refine seus modelos e o desenho dos objetos classes do seu projeto de *software* e para cada método ou atributo, pergunte-se se este faz parte ou não do escopo do objeto em que está contido. Havendo necessidade de refatoração, por mais que em um primeiro momento pareça-lhe um fator de aumento de complexidade, faça-a sem receio.

O principal recurso que nos permite a implementação do encapsulamento na orientação a objetos é o nível de visibilidade dos atributos e métodos.

NÍVEIS DE VISIBILIDADE

Os níveis de visibilidade, aplicáveis tanto para atributos quanto para métodos, são limitadores que permite ou não que estes sejam acessíveis ou não fora da classe em que são escritos.

Temos três possibilidades em termos de níveis de visibilidade: métodos ou atributos públicos, privados ou protegidos. Veremos nesta sessão apenas os dois primeiros, veremos o nível protegido quando falarmos sobre herança (Capítulo 5).

Métodos ou atributos públicos são aqueles que são acessíveis tanto no contexto da classe em que estão declarados como fora dela. Na notação da UML, representamos com um sinal de "+", atributos e métodos públicos, como mostra a Figura 3.1.

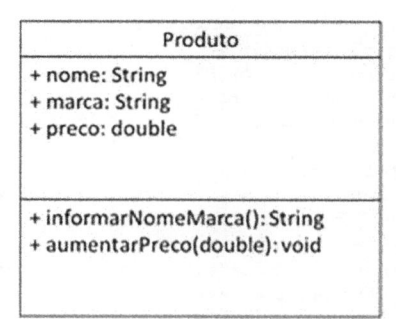

Figura 3.1 – Representação de Métodos e Atributos Públicos

No Java, assim como em outras linguagens, adicionamos a palavra reservada *"public"* na declaração de um atributo ou na assinatura do método para indicar que estes são de acesso público, ou seja, podem ser visíveis tanto dentro da classe que estão declarados quanto fora, como mostra a Figura 3.2.

O efeito prático de um método ou atributo público é que podemos acessá-los, fazendo chamadas, atribuições ou lendo seus valores, tanto na própria classe, como podemos ver nas linhas 07 e 11 da Figura 3.2 quanto na classe que "TesteProduto", exibida na Figura 3.3, que faz acesso aos métodos "informarNomeMarca", "aumentarPreco" bem como faz atribuições diretas de valor aos atributos do objeto. Isso só é possível por que estes estão declarados como *"public"*.

```
                         Produto.java
01   public class Produto {
02       public String nome;
03       public String marca;
04       public double preco;
05
06       public String informarNomeMarca() {
07           return this.nome + "|" + this.marca;
08       }
09
10       public void aumentarPreco(double valor) {
11           this.preco += valor;
12       }
13   }
```

Figura 3.2 – Declarando métodos e atributos públicos no Java

```
                       TesteProduto.java
01   public class TesteProduto {
02
03       public static void main(String[] args) {
04
05           Produto produto = new Produto();
06           produto.nome = "Biscoito";
07           produto.marca = "DoBom";
08           produto.preco = 1.75;
09
10           String retorno = produto.informarNomeMarca();
11           System.out.println(retorno);
12           produto.aumentarPreco(0.20);
13           double novoPreco = produto.preco;
14           System.out.println(novoPreco);
15       }
16   }
```

Figura 3.3 – Usando métodos e atributos públicos no Java

Enquanto os atributos e métodos públicos são visíveis em todas as classes e objetos de um sistema, os privados são acessíveis única e exclusivamente na classe em que estão declarados.

Na UML, quando queremos representar um método ou um atributo privado, adicionamos o sinal de "-", conforme mostra a Figura 3.4.

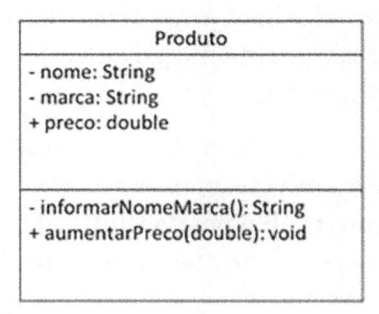

Figura 3.4 – Representação de Métodos e Atributos Privados

No Java, a palavra reservada utilizada na declaração de métodos ou atributos privados é o *"private"*, como mostra Figura 3.5. Neste caso, qual seria o efeito direto da declaração dos atributos como o *"private"*? E o método "informarNomeMarca"?

```
                        Produto.java
01    public class Produto {
02        private String nome;
03        private String marca;
04        public double preco;
05
06        private String informarNomeMarca() {
07            return this.nome + "|" + this.marca;
08        }
09
10        public void aumentarPreco(double valor) {
11            this.preco += valor;
12        }
13    }
```

Figura 3.5 – Declarando métodos e atributos privados no Java

Para responder a essas perguntas, devemos olhar com detalhe onde estes atributos e métodos são utilizados.

Na Figura 3.5, temos a classe "Produto", contendo dois atributos privados: "nome" e "marca". Ambos utilizados na própria classe, na linha 07. Nesse caso, não teríamos qualquer tipo de restrição. Tudo certo! Ainda nessa classe, temos o método "informarNomeMarca", igualmente privado, até aqui, também não temos nenhum problema.

Os problemas começariam no acesso a esses dois atributos e a esse método. Se mantivéssemos os acessos conforme mostra a Figura 3.3. Teríamos problemas nas linhas 06, 07 e 10 da mesma figura. Mas qual seria o erro? Seria um erro de compilação ou de execução?

Este tipo de "trava" é o que chamamos de "regra forte". O código da nossa classe "TesteProduto", e consequentemente todo o nosso sistema, acusaria erro de compilação nas linhas, com o indicativo de que um método ou atributo privado não pode ser acessado fora da classe em que foi declarada. Ou seja, nem que quiséssemos na "força bruta" conseguiríamos.

Evidentemente, o desenvolvedor poderia passar os atributos e o método para *public* com facilidade, mas não é isso que queremos! Lembre-se que os níveis de visibilidade não são mecanismos de segurança ou algo do gênero, mas sim recursos que nos ajudam na implementação do encapsulamento e todos os benefícios que ele nos traz.

GETTERS E SETTERS

Conforme dissemos, encapsulamento, além de nos dar a capacidade ou não de expor atributos ou métodos, permite que um objeto deixe visível suas operações em detrimento de suas informações. Isso faz com que tenhamos um nível maior de independência do "objeto cliente" com o objeto que contém as informações.

Seguindo essa linha de raciocínio, seria correto concluir que deixar os atributos de uma classe públicos fere o princípio da isonomia das informações de um objeto, uma vez que esses representam os dados dele.

Uma alternativa, portanto, seria não criarmos atributos públicos e/ou modificar os níveis de visibilidade de tal forma que todos passem a ser privados. E o acesso a esses atributos, seja para operações de atribuição ou para leitura, passam a ser feitos a partir de métodos.

Pensando nessa boa prática, o Java criou o que chamamos de métodos *"getters* e *setters"*. Estes são métodos como quaisquer outros, mas que tem uma taxonomia toda particular.

Um método *"getter"* ou *"get"* como o próprio nome já diz é um método que retorna o valor de um determinado atributo a outros objetos do sistema, enquanto um método *"setter"* ou *"set"* tem a finalidade de atribuir um valor ao atributo da classe.

Observemos o exemplo da Figura 3.6. Nele, adaptamos a nossa classe "Produto" de tal forma que todos os seus atributos sejam privados e criamos os métodos *"getters"* seguindo os seguintes requisitos:

- Um atributo pode não possuir um método *"getter"*, mas um método deve fazer referência único e exclusivamente a um atributo;
- O método *"getter"* deve respeitar o seguinte padrão de nome: *"get"* + "nome do Atributo";
- O método não deve receber parâmetros de entrada;
- O método deve retornar o mesmo tipo de dado que possui o atributo no qual faz referência;
- Na implementação do método, retorna-se o valor do atributo no qual o método faz referência.

```java
                        Produto.java
01    public class Produto {
02        private String nome;
03        private String marca;
04        private double preco;
05
06        public String getNome(){
07            return this.nome;
08        }
09
10        public String getMarca(){
11            return this.marca;
12        }
13
14        public double getPreco(){
15            return this.preco;
16        }
17
18    }
```

Figura 3.6 – Implementando métodos *"getter"* no Java

Seguindo a implementação da nossa classe "Produto", acrescentaremos agora os métodos *"setters"* seguindo os seguintes padrões:

- Um atributo pode não possuir um método *"setter"*, mas um método deve fazer referência único e exclusivamente a um atributo;

- Podemos ter casos em que tenhamos um atributo "somente leitura" em que suas atribuições são feitas única e exclusivamente no contexto da classe. Não havendo método *"setter"*, não existe possibilidade de uma atribuição ser feita fora da própria classe em que ele está declarado;

- O método *"setter"* deve respeitar o seguinte padrão de nome: *"set"* + "nome do Atributo";

- O método deve, obrigatoriamente, receber um único parâmetro de entrada com o mesmo tipo de dado do atributo no qual faz referência;
- O método não deve possuir nenhum tipo de dado de retorno;
- Na implementação do método, faz-se a atribuição do valor do atributo no qual o método faz referência utilizando o valor do parâmetro de entrada.

A Figura 3.7 mostra a sequência do desenvolvimento da classe "Produto", agora, com os métodos "*setters*" dispostos logo em seguida dos métodos "*getters*" (entre as linhas 18 e 2).

```
                          Produto.java
01      public class Produto {
02          private String nome;
03          private String marca;
04          private double preco;
05
06          public String getNome(){
07              return this.nome;
08          }
09
10          public String getMarca(){
11              return this.marca;
12          }
13
14          public double getPreco(){
15              return this.preco;
16          }
17
18          public void setNome(String value){
19              this.nome = value;
20          }
21
22          public void setMarca(String value){
23              this.marca = value;
24          }
25
26          public void setPreco(double value){
27              this.preco = value;
28          }
29      }
```

Figura 3.7 – Implementando métodos *"setter"* no Java

A utilização da classe "Produto" (por outras classes) segue estritamente o mesmo padrão de chamadas a métodos conforme vimos até agora. A Figura 3.8 mostra como "exercitaríamos" os métodos dessa classe a partir de outra classe chamada "TesteProduto".

```
                         TesteProduto.java
01    public class TesteProduto {
02
03        public static void main(String[] args) {
04
05            Produto produto = new Produto();
06            produto.setNome("Biscoito");
07            produto.setMarca("DoBom");
08            produto.setPreco(1.75);
09
10            String nome = produto.getNome();
11            String marca = produto.getMarca();
12            double preco = produto.getPreco();
13            System.out.println(nome);
14            System.out.println(marca);
15            System.out.println(preco);
16
17        }
18    }
```

Figura 3.8 – Exercitando métodos *"getters* e *setter"* no Java

O resultado a ser impresso em tela, neste nosso pequeno exemplo, seria "Biscoito", "DoBom" e "1.75" nessa ordem.

CAPÍTULO 4: POLIMORFISMO

Este capítulo está destinado a tratarmos de mais um pilar da orientação a objetos: o polimorfismo. Aqui iremos abordar cada um dos tipos de implementação de polimorfismo e aproveitaremos para tratar de outro tema, os métodos construtores.

O QUE É?

A palavra polimorfismo tem origem no grego: poli = muitos e morfos = formas, ou seja, aquele que possui ou assume muitas formas. No nosso contexto, fiquemos com a segunda semântica, aquilo que assume múltiplos formatos.

Na orientação a objetos, polimorfismo significa a capacidade que um objeto tem de ser referenciado de diversas formas e de responder de maneiras diferentes à mesma mensagem, assumindo, portanto, formas diferentes a depender da situação.

Segundo Deitel e Deitel (2010) o benefício trazido a partir do polimorfismo está na capacidade de implementação de sistemas mais extensíveis. Significa dizer que podemos adicionar novas classes ou novos comportamentos a classes existentes sem grandes alterações sob o aspecto geral do sistema.

Os benefícios deste pilar, como podemos ver, vai de encontro ao aumento da manutenibilidade dos nossos sistemas.

Para entender melhor o que é polimorfismo, vamos fazer um exercício de imaginação baseado em um cenário do mundo real.

Imagine um cachorro e um caranguejo, ambos os objetos provenientes da "classe" animal e ambos possuem um comportamento, um método, denominado "andar". A partir de um parâmetro de entrada, que define certa quantidade de metros, ele se desloca de um ponto A para um ponto B, respeitando essa distância em metros.

Aqui temos alguns pontos interessantes a serem observados. Primeiramente, ambos os animais responderão à mesma mensagem, ou seja, um comando imperativo "ande" seguido de uma quantidade de metros. Adicionalmente, ambos "cumprirão a missão": sairão do ponto A ao ponto B andando uma distância em metros.

Se você pensou na forma como estes animais andam, pensou certo! Acontece que um animal responderá a essa mensagem de um jeito e outro de uma forma completamente diferente.

Se "falarmos" para um cachorro: "Ande cinco metros!" – este sairá do ponto A ao ponto B em uma linha reta nesta distância. Em contrapartida, um caranguejo andará os mesmos cinco metros de forma bem menos linear, ziguezagueando um metro para a direita, um para a esquerda, um pouco para frente e talvez outros tantos metros para trás. Mas fato é que ambos andarão cinco metros.

Assim é o polimorfismo, a capacidade que objetos têm de responder a mesma mensagem de formas diferentes.

Quando passamos para o campo da implementação do conceito de polimorfismo, temos quatro alternativas, ou chamados tipos de polimorfismo: Polimorfismo de Sobrecarga (ou Estático); de Sobrescrita (ou Dinâmico); de Inclusão; Paramétrico.

Neste Capítulo, iremos abordar o que é e como implementamos apenas o Polimorfismo de Sobrecarga. O Polimorfismo de Sobrescrita e o de Inclusão envolvem o conceito de Herança e serão devidamente abordados no Capítulo 5, enquanto o Paramétrico tem relação com o assunto do Capítulo 10 e será abordado em detalhes ali.

POLIMORFISMO DE SOBRECARGA

No polimorfismo de sobrecarga (também conhecido como "*overload*", do inglês) ou estático, o objetivo é criar variações de uma mesma mensagem. Neste contexto, podemos criar métodos de implementações diferentes, com tipos de retorno e parâmetros de entrada diferentes, mantendo apenas o nome de método.

Vejamos um exemplo prático. Um objeto "Estudante" possui a capacidade de calcular sua média final tendo em vista dois cenários:

- No primeiro, o estudante faz duas provas (prova 1 e prova 2) e sua nota final é calculada de forma ponderada, sendo 40% para a primeira prova e 60% para a segunda;
- O segundo cenário dá conta de alunos que realizam três avaliações e sua nota final é calculada a partir de uma média aritmética.

Seguindo a UML, representaríamos este método polimórfico conforme mostra a Figura 4.1. Repare que temos dois métodos quase idênticos. Possuem o mesmo tipo de retorno (*double*) o mesmo nome ("calcularNotaFinal") e variando apenas a quantidade de parâmetros.

Neste caso, nossa classe não possui atributos representados, isso porque atributos não são aspectos observados quando falamos de polimorfismo. Ao tratarmos deste pilar, a única coisa que nos interessa de fato é a possibilidade de criação maneiras diferentes de se comportar a uma mesma mensagem, por isso, a ênfase total é dada aos métodos. As classes podem seguir tendo seus atributos normalmente e tudo o que estudamos até agora referente a eles se mantém. Apenas não os estamos representando nessa fase de estudo.

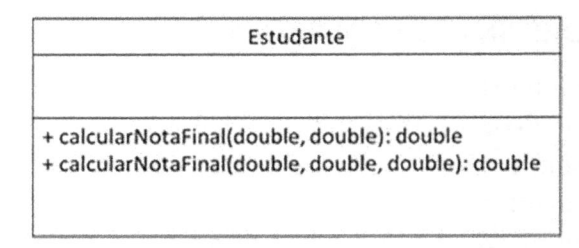

Figura 4.1 – Representando métodos polimórficos com diferentes parâmetros de entrada na UML

Ao escrevermos essa mesma classe no Java, temos uma representação que se assemelha muito a tudo que vimos até então, conforme mostra a Figura 4.2.

```
Estudante.java
01  public class Estudante {
02
03      public double calcularNotaFinal(double prova1, double prova2) {
04          double resultado = (prova1 * 0.4) + (prova2 * 0.6);
05          return resultado;
06      }
07
08      public double calcularNotaFinal(double prova1, double prova2, double prova3) {
09          double resultado = (prova1 + prova2 + prova3) / 3 ;
10          return resultado;
11      }
12
13  }
```

Figura 4.2 – Escrevendo métodos polimórficos com diferentes parâmetros de entrada em Java

A diferença entre os métodos não está na sua declaração, mas no seu uso, conforme mostra a Figura 4.3. Nela estamos escrevendo uma classe "TesteEstudante" que irá "exercitar" esses métodos.

```
                          TesteEstudante.java
01    public class TesteEstudante {
02
03        public static void main(String[] args) {
04
05            Estudante estudante = new Estudante();
06            double notaFinalA = estudante.calcularNotaFinal(7.5, 6.5);
07            double notaFinalB = estudante.calcularNotaFinal(7.5, 6.5, 5.3);
08
09            System.out.println(notaFinalA);
10            System.out.println(notaFinalB);
11        }
12    }
```

Figura 4.3 - Exercitando métodos polimórficos com diferentes parâmetros de entrada em Java

Quando a execução da nossa classe teste chegar à linha 06, o processamento será direcionado à linha 04 da Figura 4.2, diferentemente da linha 07 cujo fluxo irá para a linha 09 da classe "Estudante". Isso acontece porque a quantidade de parâmetros de entrada utilizados na chamada define qual a implantação do método será invocada. No nosso exemplo, teremos como saídas impressas no console os valores "6.9" e "6.43" respectivamente.

Importante frisar que podemos variar os parâmetros de entrada em quantidade e tipos de dados, mas nunca poderemos ter dois métodos com a mesma quantidade de parâmetros com os mesmos tipos de dados, mesmos se estes tiverem tipos de retorno diferentes. O exemplo da Figura 4.4 mostra, portanto, uma possível implementação errada.

Neste caso, nos será apresentado um erro de compilação, pois, por mais que o nome dos parâmetros sejam diferentes, os tipos de dados são iguais, ou seja, o que temos aqui são métodos iguais, o que não é permitido por princípio na orientação a objetos.

```
                              Estudante.java
01   public class Estudante {
02
03        public double calcularNotaFinal(double prova1, double prova2) {
04            double resultado = (prova1 * 0.4) + (prova2 * 0.6);
05            return resultado;
06        }
07
08        public double calcularNotaFinal(double provaA, double provaB) {
09            double resultado = (provaA * 0.4) + (provaB * 0.6);
10            return resultado;
11        }
12
13   }
```

Figura 4.4 – Implementação incorreta de métodos polimórficos com diferentes parâmetros de entrada em Java

Em contrapartida, podemos ter métodos que recebam diferentes parâmetros de entrada e que possuam diferentes tipos de dados de retorno, como mostra o exemplo da Figura 4.5.

Neste exemplo, incrementamos nossa classe "Estudante" com um atributo privado chamado "notaFinal" e atribuímos valores a ele nos métodos "calcularNotaFinal", vide as linhas 07 e 13.

Estamos escrevendo esse código de forma mais verbosa apenas por fins didáticos, desconsideramos aqui, algumas boas práticas de codificação como "Código Limpo" ("*Clean Code*"), que é assunto extremamente pertinente para o dia a dia e sugerimos fortemente sua atenção e estudos adicionais.

Agora temos na classe "Estudante" dois métodos polimórficos chamados "processarMensagemFinal": um deles retorna um texto e outro não retorna nada. Note que ambos possuem parâmetros de entrada diferentes: enquanto o primeiro recebe um "*double*" o segundo não possui parâmetro de entrada. Essas são as condições para implementação de polimorfismo de sobrecarga para métodos que retorne tipos de dados distintos.

```
                              Estudante.java
01    public class Estudante {
02
03       private double notaFinal;
04
05       public double calcularNotaFinal(double prova1, double prova2) {
06          double resultado = (prova1 * 0.4) + (prova2 * 0.6);
07          this.notaFinal = resultado;
08          return resultado;
09       }
10
11       public double calcularNotaFinal(double prova1, double prova2, double prova3) {
12          double resultado = (prova1 + prova2 + prova3) / 3 ;
13          this.notaFinal = resultado;
14          return resultado;
15       }
16
17       public void processarMensagemFinal(double notaFinal) {
18          if(notaFinal >= 5.0) {
19             System.out.println("Você foi aprovado");
20          }
21          else{
22             System.out.println("Você não foi aprovado");
23          }
24       }
25
26       public String processarMensagemFinal(){
27          if(this.notaFinal >= 5.0) {
28             return "Você foi aprovado";
29          }
30          else{
31             return "Você não foi aprovado";
32          }
33       }
34    }
```

Figura 4.5 – Escrevendo métodos polimórficos com diferentes tipos de retorno em Java

Por fim, a utilização desses métodos segue a mesma regra das chamadas a métodos que vimos até aqui. A Figura 4.7 mostra como incrementamos nosso teste de tal forma a invocar o método "processarMensagemFinal". Se quiséssemos utilizar a UML para representar este cenário, teríamos uma classe como mostra a Figura 4.6.

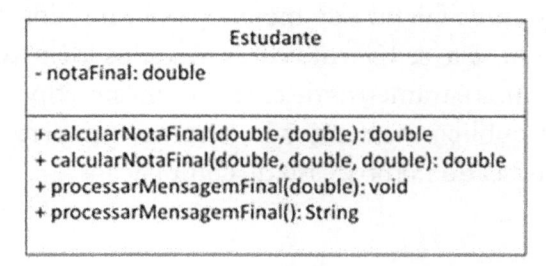

Figura 4.6 – Representando métodos polimórficos com diferentes tipos de retorno na UML

Ainda no exemplo da Figura 4.7, podemos concluir que quando a execução da nossa classe de testes chegar à linha 12, este processamento será redirecionado para a linha 18 da Figura 4.5 e quando atingir a linha 13, o fluxo passará para a linha 27 da classe "Estudante".

O resultado da execução da nossa nova classe de testes, a ser impresso no console, será respectivamente: "6.9", "6.43", "Você foi aprovado" e "Você foi aprovado".

```
                          TesteEstudante.java
01    public class TesteEstudante {
02
03        public static void main(String[] args) {
04
05            Estudante estudante = new Estudante();
06            double notaFinalA = estudante.calcularNotaFinal(7.5, 6.5);
07            double notaFinalB = estudante.calcularNotaFinal(7.5, 6.5, 5.3);
08
09            System.out.println(notaFinalA);
10            System.out.println(notaFinalB);
11
12            estudante.processarMensagemFinal(notaFinalA);
13            String mensagem = estudante.processarMensagemFinal();
14            System.out.println(mensagem);
15        }
16    }
```

Figura 4.7 – Exercitando métodos polimórficos com diferentes tipos de retorno em Java

E para fecharmos o tema polimorfismo de sobrecarga, o nível de visibilidade dos métodos não é um aspecto a ser considerado quando estamos falando de métodos polimórficos do tipo sobrecarga. Ou seja, se tivermos dois métodos idênticos, mesmo nome, mesmos parâmetros de entrada e mesmo tipo de retorno, sendo um público e um privado, teremos um erro conceitual que será indicado no processo de compilação.

MÉTODOS CONSTRUTORES

Para alinharmos expectativas: métodos construtores não têm relação direta com o conceito de polimorfismo. E você deve estar se perguntando, com toda razão, por que veremos esse tema aqui, junto com polimorfismo? Explico...

Métodos construtores têm seu uso potencializado, quando o utilizamos em conjunto com o conceito de polimorfismo de sobrecarga. Mas antes de avançarmos, vamos entender melhor o que são estes métodos construtores.

Construtores são métodos como qualquer um que vimos até agora, mas diferem dos demais em pontos específicos. São eles:

- Construtores são declarados na própria classe, todavia devem ser obrigatoriamente públicos;
- O nome do método deve ser idêntico ao nome da classe;
- Métodos construtores não retornam valores (e não estamos falando de *void*);
- Métodos construtores podem ou não possuir parâmetros de entrada.

A representação de um método construtor na UML segue o padrão de todos os métodos que vimos e deve atender aos pontos acima. A Figura 4.8 mostra um exemplo de como modelaríamos uma classe tendo seus métodos construtores explícitos.

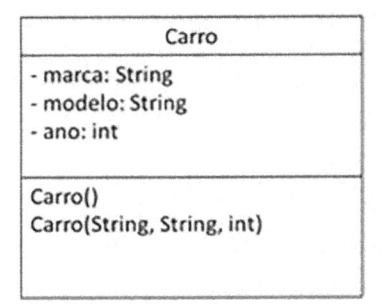

Figura 4.8 – Representando métodos construtores na UML

Se fossemos escrever esta mesma classe em Java, teríamos o código exibido na Figura 4.9.

```
                              Carro.java
01   public class Carro {
02
03       private String marca;
04       private String modelo;
05       private int ano;
06
07       public Carro(){
08           System.out.println("Construtor padrão...");
09       }
10
11       public Carro(String marca, String modelo, int ano) {
12           this.marca = marca;
13           this.modelo = modelo;
14           this.ano = ano;
15       }
16   }
```

Figura 4.9 – Escrevendo métodos construtores em Java

Neste nosso exemplo, temos a explicitação de dois métodos construtores: um que não recebe parâmetros de entrada e outro que recebe três parâmetros. Vamos detalhar cada um deles.

O primeiro método, que inicia na linha 07, é que chamamos de método construtor padrão (ou "*default*"). Este tipo de construtor não precisa ser explícito obrigatoriamente. Veja que até agora, em todos os nossos exemplos, nunca sequer mencionamos a codificação de um método dessa natureza e tudo funcionou perfeitamente.

Um método construtor padrão é obrigatoriamente público, sem retorno (perceba que na declaração, não utilizamos sequer o "*void*"), o nome do método tem o mesmo nome da classe (inclusive com as respectivas letras maiúsculas e minúsculas) e não existem parâmetros de entrada.

O segundo método, que tem seu início na linha 11, é um método polimórfico de sobrecarga. Aqui temos o mesmo padrão empregado no desenvolvimento do construtor padrão e a única diferença está na inclusão de parâmetros de entrada.

E é exatamente aqui que temos a junção de todos os conceitos que vimos até agora, com um novo assunto: métodos construtores. Significa dizer que tudo que vimos seja na implementação de métodos, ou seja, em polimorfismo se aplica aqui.

Falta apenas uma última ponta deste ciclo. Uma vez declarados, como invocamos um método construtor?

Por natureza, o construtor é o primeiro método a ser invocado por um objeto. Razão pela qual ele é invocado quando instanciamos uma classe. Se estivermos falando de Java, no momento do "*new*".

A Figura 4.10 mostra uma classe que testa a nossa classe "Carro", chamaremos ela de "TesteCarro".

```
                        TesteCarro.java
01    public class TesteCarro {
02
03        public static void main(String[] args) {
04
05            Carro carroA = new Carro();
06            Carro carroB = new Carro("VW", "Fusca", 1979);
07
08        }
09    }
```

Figura 4.10 – Exercitando métodos construtores em Java

Ainda na Figura 4.10, temos alguns pontos importantes a serem observados:

- Linha 05: quando estamos instanciando o objeto "carroA", o processamento é automaticamente direcionado para o construtor padrão da classe "Carro" (linha 08 da Figura 4.9) – inclusive colocamos aqui uma impressão de mensagem no console apenas para ilustração;
- Se um método construtor padrão não for explicitamente codificado e um objeto for instanciado a partir dele, nenhum erro será apresentado;
- Declaramos o método construtor padrão quando há necessidade explicita em executar uma determinada regra ou geração de um estado padrão do objeto, nada mais que isso (salvo exceção abaixo);
- Linha 06: nessa linha estamos instanciando o objeto "carroB" a partir de um construtor que recebe três parâmetros de entrada, logo, o método invocado é o segundo método da classe "Carro" (linha 12 da Figura 4.9);
- Se declararmos explicitamente um método construtor polimórfico, obrigatoriamente devemos ter explicitamente o método construtor padrão, caso contrário, teremos um erro de compilação.

Aqui temos o principal uso prático da explicitação dos métodos construtores. Pelo fato de serem naturalmente os primeiros métodos a serem invocados, utilizamos sua implementação quando precisamos que um objeto já "nasça" com um determinado estado.

CAPÍTULO 5: HERANÇA

Quando começamos a falar sobre orientação a objetos, dissemos que um dos objetivos do paradigma é o reúso, que consequentemente proporcionaria, dentre outras coisas, uma maior produtividade. Neste capítulo, vamos estudar o conceito de Herança, um dos principais propulsores do conceito de reúso na orientação a objetos.

O QUE É?

A Herança, assim como todos os pilares da orientação a objetos, tem sua origem e inspiração no mundo real. E se você está pensando que existe alguma relação com a herança de bens e de patrimônios para casos de falecimento de parentes próximos, saiba que não chegaremos nem perto disso.

Vamos fazer um exercício de memória e tentar nos lembrar das aulas de biologia dos tempos de colégio. Estudamos na ocasião, a divisão ou classificação biológica dos seres vivos, proposta por, entre outros, Aristóteles, o grande filósofo grego.

Essa classificação tem como objetivo organizar e categorizar todos os seres vivos a partir de alguns critérios de similaridade. Temos ali a construção de uma estrutura hierárquica, representada na Figura 5.1.

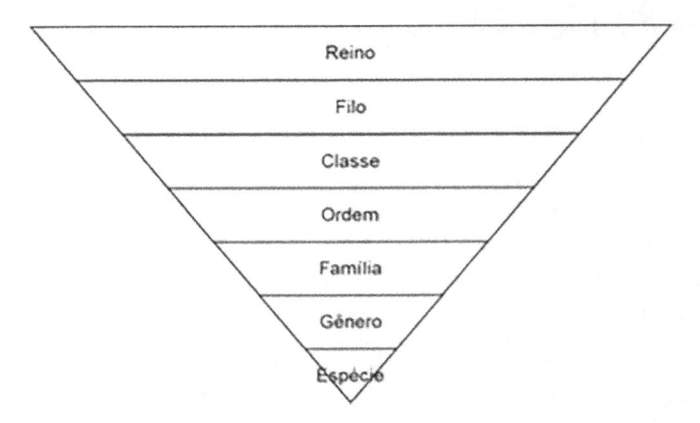

Figura 5.1 – Classificação Biológica dos Seres Vivos

Relembremos esta ideia a partir de um exemplo prático. Temos no reino animal, organismos que partilham de certo conjunto de características comuns, por exemplo, todos os animais são organismos multicelulares e eucariontes, enquanto os organismos participantes do reino dos fungos são por natureza pluricelulares.

E não é só a partir de características comuns que podemos agrupar os seres vivos, podemos fazê-lo a partir dos seus comportamentos. Por exemplo, na classe dos mamíferos, temos animais que possuem a capacidade de se alimentar de leite, ou popularmente, mamar. Não confunda aqui as classes da orientação a objetos com as classes presentes na classificação biológica!

Em contrapartida, se navegarmos nessa pirâmide podemos ver animais que possuem categorias "comuns" em um determinado degrau e que passam a ocupar classificações distintas no patamar imediatamente abaixo.

Por exemplo, vejamos os peixes e os seres humanos. Ambos são pertencentes ao reino animal, ao filo dos vertebrados, mas que ao chegarem no nível de classe passam a ocupar categorias diferentes: enquanto os seres humanos são sabidamente mamíferos, os peixes podem ser osteíctes, quando possuírem bexiga natatória, ou condrictes, quando não disporem de tal mecanismo.

O que quisemos demonstrar neste pequeno exemplo? Que a estrutura hierárquica proposta na classificação dos seres vivos dispõe de uma forma de navegação que à medida que descemos nessa estrutura temos uma especialização e, em contrapartida, ao subirmos, temo uma generalização.

Podemos afirmar que todos os animais possuem características em comum: peixes e seres humanos são multicelulares, assim como todos os seres pertencentes ao filo dos vertebrados são dotados de coluna vertebral. A diferenciação se faz quando chegamos ao nível da classe, onde temos um grupo capaz de certo comportamento, que não são "compartilhados" por outros seres que vinham pertencendo às mesmas categorias até então. Seres humanos são capazes de mamar, enquanto peixes não.

É exatamente esta a ideia de herança que foi trazida para o contexto da orientação a objetos. A capacidade de organizar objetos em estruturas "comuns", ou seja, em categorias de "compartilhamento" de atributos e métodos.

Mas onde está o ganho neste "compartilhamento" e como ele se dá na prática? Vamos sair um instante da ideia de hierarquia de objetos e vamos entender um pouco melhor o que é reúso.

Reúso é a capacidade que temos de utilizar um componente de *software* ou pedaço dele sem a necessidade de reescrever nada. O reúso nos possibilita sermos mais produtivos no desenvolvimento e desenvolver produtos mais manuteníveis.

Basta pensarmos um sistema do *software* como um sistema da microeletrônica. Uma placa é composta por vários componentes que tem função muito bem definida e que se comunicam entre si a partir de ligações eletroeletrônicas. Temos ali uma grande capacidade de reúso desses componentes, bem como um potencial aumentado em manutenibilidade e evolução do sistema como um todo.

Evidentemente, o nível de maturidade da engenharia de *software* eventualmente pode não chegar ao patamar da engenharia eletrônica, mas a ideia central é reutilizarmos o máximo possível de funcionalidades de nossos objetos.

Este reúso vai um pouco além do conceito de encapsulamento, quando pensamos na construção de objetos com responsabilidades bem definidas. Ali, o objetivo é atingirmos baixo acoplamento e alta coesão, não necessariamente no reúso.

Reúso também não pode ser confundido com cópia de trechos ou de todo um código. Quando copiamos um algoritmo de uma determinada classe e colamos em outra, não estamos promovendo reúso. Isso porque aqui, trata-se tão e somente de uma cópia, que pode até ser produtivo, mas que não pode ser considerado um reúso.

Seguindo esta linha de raciocínio, vamos pensar em um método, escrito em uma classe, que faz um cálculo de um determinado valor de imposto. Ao copiarmos este método e colarmos em uma nova classe, estamos no fim das contas criando uma cópia deste algoritmo. Basta dizer que se houver alguma alteração na fórmula de cálculo do dito imposto, obrigatoriamente deveremos alterar ambas as classes ou que a alteração de uma não refletirá em nada na segunda.

Podemos até discutir se essa abordagem é produtiva ou não. Eventualmente pode ser produtivo em um primeiro momento e muito pouco a médio e longo prazo, mas fato é que cópia de código não corresponde a reúso.

É exatamente aqui que cruzamos os conceitos de hierarquia, proposto pela biologia, com o de reúso de atributos e métodos.

Herança, na orientação a objetos, é a organização de objetos em uma hierarquia de classes de tal forma que objetos possam compartilhar atributos e métodos sem que haja a necessidade de reescrevê-los.

Vejamos na Figura 5.2 uma hierarquia de classes utilizando a notação da UML. Perceba que aqui temos uma flecha sentido de baixo para cima. Este direcionamento pode ser lido estruturalmente como veremos a seguir.

Nesta hierarquia, o racional de taxonomia é o mesmo utilizado para interpretarmos a classificação biológica: à medida que descemos na estrutura, estamos especializando e à medida que subimos, estamos generalizando.

No exemplo da Figura 5.2, podemos afirmar, portanto, que "Veículo" é uma generalização das classes "Terrestre" e "Náutico", enquanto "Moto" é uma especialização de "Terrestre" e "Navio" é uma especialização de "Náutico".

E o que significa dizer que uma classe é uma especialização ou uma generalização de outra? Significa dizer que classes filhas, ou seja, classes um nível abaixo da hierarquia, possuem todos os atributos e métodos de sua classe mãe. É aqui que mora o grande "pulo do gato" do conceito de Herança na orientação a objetos: os métodos e atributos da classe mãe estarão presentes nas classes filhas sem que haja a necessidade de reescrevê-los!

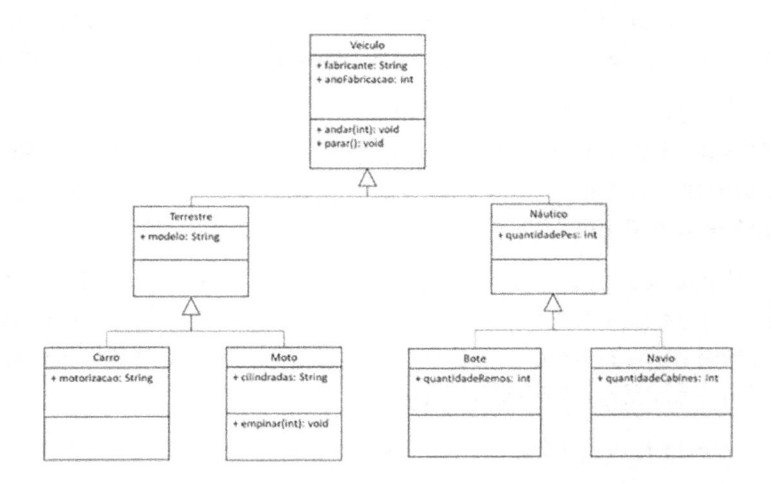

Figura 5.2 – Representação de uma hierarquia de classes na UML

Seguindo esse raciocínio, ainda no exemplo da Figura 5.2, seria correto afirmar que:

- A classe "Terrestre" possui três atributos: "fabricante", "anoFabricacao" e "modelo"; possui ainda dois métodos: "andar" e "parar";
- A classe "Náutico" possui três atributos: "fabricante", "anoFabricacao" e "quantidadePes"; possui ainda dois métodos: "andar" e "parar";
- A classe "Carro" possui quatro atributos: "fabricante", "anoFabricacao", "modelo" e "motorizacao"; possui ainda dois métodos: "andar" e "parar";
- A classe "Carro" possui quatro atributos: "fabricante", "anoFabricacao", "modelo" e "cilindradas"; possui ainda três métodos: "andar", "parar" e "empinar";
- A classe "Bote" possui quatro atributos: "fabricante", "anoFabricacao", "quantidadePes" e "quantidadeRemos"; possui ainda dois métodos: "andar" e "parar";

- A classe "Navio" possui quatro atributos: "fabricante", "anoFabricacao", "quantidadePes" e "quantidadeCabines"; possui ainda dois métodos: "andar" e "parar".

Vejamos um outro exemplo que unirá teoria e prática. Imaginemos uma estrutura hierárquica de classes mais simplificada, como mostra o exemplo da Figura 5.3. Na sequência, iremos implementar este mecanismo de herança utilizando Java.

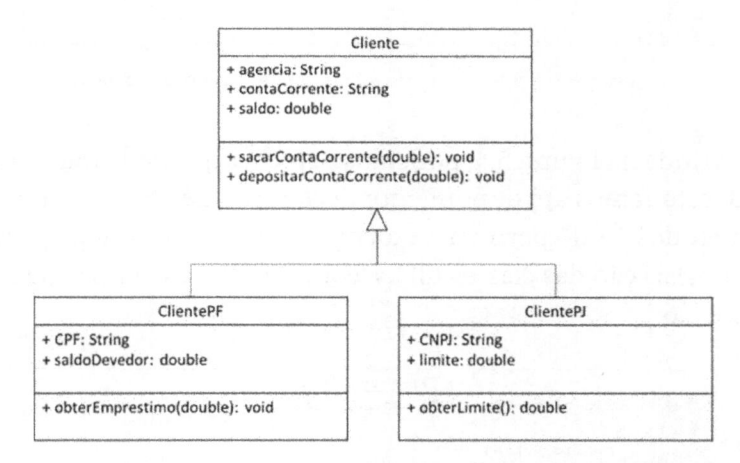

Figura 5.3 – Hierarquia de classes "Cliente" utilizando a UML

Para começarmos a implementação deste modelo no Java, precisaremos primeiro codificar as classes mães, no nosso caso, a classe "Cliente", como mostra a Figura 5.4.

```
                         Cliente.java
01     public class Cliente {
02
03         public String agencia;
04         public String contaCorrente;
05         public double saldo;
06
07         public void sacarContaCorrente(double valor) {
08             this.saldo -= valor;
09         }
10
11         public void depositarContaCorrente(double valor) {
12             this.saldo += valor;
13         }
14
15     }
```

Figura 5.4 – Implementando a classe mãe "Cliente" no Java

Ainda na Figura 5.4, podemos perceber que nada mudou do que estudamos até o momento: declaração de classe, atributos e métodos. Tudo permanece da mesma forma. A mudança está na declaração das classes filhas, como podemos ver nas figuras 5.5 e 5.6.

```
                        ClientePF.java
01     public class ClientePF extends Cliente {
02
03         public String cpf;
04         public double saldoDevedor;
05
06         public void obterEmprestimo(double valor) {
07             super.saldo += valor;
08             this.saldoDevedor += valor;
09         }
10     }
```

Figura 5.5 – Implementando a classe filha "Cliente Pessoa Física" no Java

Ainda nas figuras 5.5 e 5.6, temos a primeira grande mudança em termos de código. A inclusão da palavra reservada *"extends"* na declaração da classe (Linha 01), seguida da indicação da classe mãe. Essa notação indica que a classe em questão herda de outra classe.

Na Figura 5.5, que representa a classe "ClientePF", na linha 07, podemos notar o uso de um outro prefixo, o *super*. Este prefixo indica que o atributo ou o método utilizado na sequência está declarado não na própria classe (como denota o prefixo *this*), mas sim na classe mãe, ou também chamada de superclasse.

```
                        ClientePJ.java
01    public class ClientePJ extends Cliente {
02
03       public String cnpj;
04       public double limite;
05
06       public double obterLimite() {
07          return this.limite;
08       }
09    }
```

Figura 5.6 – Implementando a classe filha "Cliente Pessoa Jurídica" no Java

Exceção feita ao uso *extends* na declaração da classe (Linha 01) e ao uso do *super*, este nem obrigatório é, o restante da classe segue exatamente todos os pilares que aprendemos até aqui.

A mudança mais profunda na mecânica do funcionamento do conceito de herança está no uso das classes filhas. A Figura 5.7 mostra uma classe exemplo que criamos para "exercitar" este cenário do uso de herança de classes.

Neste exemplo, apenas para fins didáticos, exercitaremos ambas as classes "ClientePF" e "ClientePJ" na mesma classe de testes, com ressalva de que essa não é uma obrigação.

```
                        TesteHeranca.java
01    public class TesteHeranca {
02
03        public static void main(String[] args) {
04
05            ClientePF clienteFisico = new ClientePF();
06            clienteFisico.agencia = "1234";
07            clienteFisico.contaCorrente = "0123456-7";
08            clienteFisico.saldo = 150.50;
09            clienteFisico.cpf = "123.456.789-10";
10            clienteFisico.sacarContaCorrente(50.00);
11            clienteFisico.obterEmprestimo(5000.00);
12            clienteFisico.depositarContaCorrente(100.00);
13
14            ClientePJ clienteJuridico = new ClientePJ();
15            clienteJuridico.agencia = "5432";
16            clienteJuridico.contaCorrente = "9876543-7";
17            clienteJuridico.saldo = 6000.00;
18            clienteJuridico.cnpj = "12.345.678/0001-00";
19            clienteJuridico.limite = 2000.00;
20            clienteJuridico.sacarContaCorrente(50.00);
21            clienteJuridico.depositarContaCorrente(200.00);
22            double limite = clienteJuridico.obterLimite();
23        }
24    }
```

Figura 5.7 – Exercitando herança de classes no Java

Vamos entender todos os pontos deste exemplo. A começar pelo intervalo entre as linhas 05 e 12, espaço em que estamos exercitando a classe filha "ClientePF". Alguns pontos a serem observados:

- Para instanciar uma classe filha (ou mesmo uma classe mãe) nada mudou desde a última vez que estudamos o tema;

- Os atributos "agencia", "contaCorrente" e "saldo" (linhas 06, 07 e 08 respectivamente) são atribuídos sem erro. Isso porque, por mais que eles não estejam declarados na classe "ClientePF" o são na classe mãe "Cliente". Aqui está a grande "mágica" do conceito de Herança!

- O atributo "cpf", bem como o método "obterEmprestimo" estão declarados na classe "ClientePF". Aqui nada mudou na mecânica de funcionamento;
- Nenhum erro no exercício da classe "ClientePF", uma vez que ela possui todos os métodos e atributos da classe mãe e mais os dela;
- Se tentássemos invocar o método "obterLimite" a partir do objeto "clienteFisico" teríamos sim, um erro. Isso por que, por mais que as classes "ClientePF" e "ClientePJ" herdem da mesma classe, elas compartilham apenas os métodos e atributos da classe mãe. Não existe relação lateral neste caso.

Passemos agora para intervalo definido pelas linhas 14 e 22, espaço em que estamos exercitando a classe filha "ClientePJ". Alguns pontos a serem observados:

- Os atributos "agencia", "contaCorrente" e "saldo" (linhas 15, 16 e 17 respectivamente) são atribuídos sem erro. Isso porque eles estão declarados na classe mãe "Cliente";
- Os atributos "cnpj" e "limite", bem como o método "obterLimite" estão declarados na classe "ClientePJ". Aqui nada mudou na mecânica de funcionamento;
- Nenhum erro no exercício da classe "ClientePJ", uma vez que ela possui todos os métodos e atributos da classe mãe ("Cliente") e mais os dela.

Por fim, no que diz respeito aos níveis de visibilidade, público e privado, nada muda. Ou seja, atributos ou métodos declarados como públicos em uma classe mãe poderão ser acessados pelas classes filhas bem como por todas as outras classes, assim como os privados de uma classe mãe ou filha só são acessíveis dentro do contexto da classe em que são declarados. Inclui-se aqui, todos os conceitos relacionados aos métodos "*getters*" e "*setters*" que estudamos anteriormente.

Isso quer dizer que se declararmos um atributo ou um método "*private*" em uma classe mãe, por mais que tenhamos uma relação de herança, estes atributos ou métodos não poderão ser utilizados a partir de uma classe filha.

No nosso exemplo, se mudarmos o atributo "agencia" da classe mãe "Cliente" (Linha 03 da Figura 5.4) de público para privado, teremos erros nas linhas 06 e 15 da nossa classe de teste (Figura 5.7).

É nesse ponto que voltamos ao último nível de visibilidade, que havia ficado pendente de explicação quando estudamos encapsulamento: o nível protegido.

NÍVEL DE VISIBILIDADE PROTEGIDO

Conforme vimos, os níveis de visibilidade aplicados aos atributos e métodos garantem ou não o acesso a estes dentro ou fora de um determinado contexto.

Atributos ou métodos públicos são acessíveis por todas as classes do sistema, havendo ou não herança, estando declarados em casses mães ou filhas. Enquanto os privados são passíveis de acesso somente nas classes em que estão declarados, mesmo havendo uma relação de herança.

O nível de visibilidade protegido (ou "*protected*"), utilizado apenas no contexto de herança, garante que um atributo ou método declarado em uma classe mãe seja acessado na própria classe e também (e exclusivamente) pelas classes filhas. É importante frisar que métodos ou atributos protegidos não são públicos.

Na UML, representamos um atributo ou método protegido com um sinal de "#", conforme mostra a Figura 5.8.

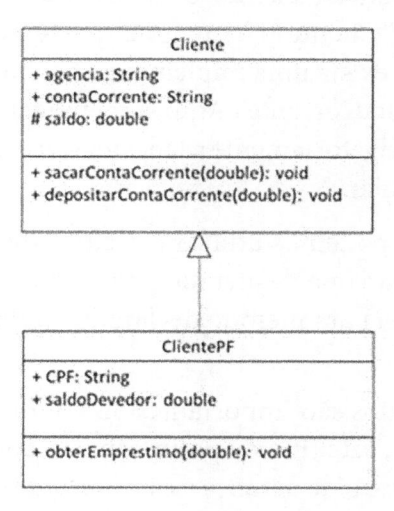

Figura 5.8 – Representando um atributo protegido na UML

No Java, descrevemos um atributo ou um método protegido utilizando a palavra reservada "*protected*" como mostra o exemplo da Figura 5.9 (linha 05).

```
                              Cliente.java
01    public class Cliente {
02
03        public String agencia;
04        public String contaCorrente;
05        protected double saldo;
06
07        public void sacarContaCorrente(double valor) {
08            this.saldo -= valor;
09        }
10
11        public void depositarContaCorrente(double valor) {
12            this.saldo += valor;
13        }
14
15    }
```

Figura 5.9 – Definindo um atributo protegido no Java

POLIMORFISMO DE SOBRESCRITA

Vamos voltar ao exemplo das nossas classes "Cliente", "ClientePF" e "ClientePJ". Imagine que apenas para clientes pessoa jurídica exista uma implementação diferente para o método "sacarContaCorrente". Aqui, a mensagem, a assinatura do método são obrigatoriamente as mesmas, apenas o "recheio" do método vai mudar.

Neste caso, podemos utilizar o recurso de polimorfismo de sobrescrita. Neste tipo de método polimórfico, é possível mudar (ou sobrescrever) um método declarado na classe mãe em uma classe filha.

Alguns pontos são importantes de serem observados aqui. Primeiramente, este tipo de polimorfismo aplica-se somente a classes no contexto de herança e é importante citar também que apenas os métodos sobrescritos serão modificados, o restante dos atributos e métodos herdados mantem-se fiéis ao conceito de herança que vimos até agora.

Você poderia se perguntar, aqui, qual é a vantagem em se utilizar polimorfismo de sobrescrita em herança? Quando utilizamos e por quê?

Respondo... lembre-se que um dos principais ganhos com o uso da herança é a capacidade de reúso, portanto, se tivermos três ou quatro classes filhas e em apenas uma o comportamento é polimórfico (com obrigatoriamente 100% da assinatura do método mantida), então ainda assim, seria uma grande vantagem utilizarmos herança em detrimento à cópia de métodos em mais de uma classe.

No Java, utilizamos a notação "@Override" seguida da assinatura do método idêntica ao método da classe mãe para representar um método sobrescrito. Podemos ver a aplicação deste cenário na Figura 5.10.

```
                          ClientePJ.java
01    public class ClientePJ extends Cliente {
02
03        public String cnpj;
04        public double limite;
05
06        public double obterLimite() {
07            return this.limite;
08        }
09
10        @Override
11        public void sacarContaCorrente(double valor) {
12            if(valor <= (super.saldo + this.limite)){
13                super.sacarContaCorrente(valor);
14            }
15        }
16
17    }
```

Figura 5.10 – Implementando polimorfismo de sobrescrita no Java

Ainda na Figura 5.10, estamos reimplementando o método "sacarContaCorrente", adicionando uma regra que determina que um saque só poderá ser efetuado caso o valor a ser sacado seja menor ou igual à soma do saldo em conta corrente com o limite do cliente. Repare aqui, na linha 13, que é possível fazermos uma chamada ao método da classe mãe, fato que não é obrigatório, mas pode ser de grande utilidade na resolução de problemas do dia a dia.

Nesta implementação, caso o método "sacarContaCorrente" da classe "ClientePJ" seja chamado, o processamento será direcionado para a linha 12 da classe filha e não da classe mãe, como seria se não estivéssemos utilizando um método polimórfico de sobrescrita.

POLIMORFISMO DE INCLUSÃO

O polimorfismo de inclusão, assim como o de sobrescrita, só faz sentido se usado dentro do contexto de herança. Neste tipo de polimorfismo, podemos utilizar atributos e métodos de classes filhas, guardando tão e somente uma referência para a classe mãe, de forma genérica. Vamos ver um exemplo prático para entender melhor sobre o que estamos falando.

Utilizando as mesmas classes do nosso exemplo anterior, "Cliente", "ClientePF" e "ClientePJ", imagine que tenhamos uma classe chamada "GerenciadorCliente" que terá um único método responsável por aumentar em 20% todos os saldos dos clientes. A Figura 5.11 mostra como ficaria a nossa classe gerenciadora de clientes.

```
GerenciadorCliente.java
01    public class GerenciadorCliente {
02
03        public void aumentarSaldo(Cliente[] clientes) {
04            for(int i = 0; i < clientes.length; i++) {
05                clientes[i].saldo = clientes[i].saldo * 1.2;
06            }
07        }
08    }
```

Figura 5.11 – Classe utilizando polimorfismo de inclusão no Java

Até aqui, nada de muito novo, estamos apenas percorrendo um vetor de clientes, que é passado como parâmetro de entrada no método, e fazendo uma atribuição de valor ao atributo saldo para cada cliente deste vetor. É na utilização dessa classe que o polimorfismo de inclusão mostrará o seu valor.

Vamos criar agora uma classe que exercite essa classe "GerenciadorCliente", nela, criaremos um vetor de clientes e invocaremos o método "aumentarSaldo" da classe "gerenciadora".

A Figura 5.12 mostra a implementação dessa classe "teste". Nela, podemos notar inicialmente, na linha 04, que estamos criando um vetor de objetos originados da classe "Cliente".

Logo em sequência, criamos dois objetos do tipo "ClientePF": "clientePF1" e "clientePF2", preenchemos esses objetos e adicionamos eles no vetor criado na linha 04. O mesmo processo se repete nos próximos blocos, só que para objetos do tipo "ClientePJ".

Aqui temos um primeiro ponto interessante. A possibilidade de criarmos um vetor que faz referência à classe mãe e na hora de adicionar elementos a este vetor, adicionamos objetos concretos originados da instância de classes filhas.

```
                    TesteGerenciadorCliente.java
01    public class TesteGerenciadorCliente {
02
03       public static void main(String[] args) {
04          Cliente[] vetor = new Cliente[4];
05
06          ClientePF clientePF1 = new ClientePF();
07          clientePF1.cpf = "123.456.789-10";
08          clientePF1.saldo = 100.00;
09          vetor[0] = clientePF1;
10
11          ClientePF clientePF2= new ClientePF();
12          clientePF2.cpf = "987.654.321-00";
13          clientePF2.saldo = 250.00;
14          vetor[1] = clientePF1;
15
16          ClientePJ clientePJ1 = new ClientePJ();
17          clientePJ1.cnpj = "12.345/0001-00";
18          clientePJ1.saldo = 2000.00;
19          vetor[2] = clientePJ1;
20
21          ClientePJ clientePJ2 = new ClientePJ();
22          clientePJ2.cnpj = "45.567/0001-00";
23          clientePJ2.saldo = 4000.00;
24          vetor[3] = clientePJ2;
25
26          GerenciadorCliente gerenciaCliente = new GerenciadorCliente();
27          gerenciaCliente.aumentarSaldo(vetor);
28
29       }
30    }
```

Figura 5.12 – Exercitando polimorfismo de inclusão no Java

O uso do polimorfismo de inclusão se dá exatamente nas linhas 26 e 27. Nela passamos um vetor de objetos do tipo "Cliente" da forma mais generalista possível, sendo que dentro desse vetor temos objetos concretos especializados a partir das classes filhas "ClientePJ" e "ClientePF".

Quando o processamento chegar à linha 27, este será automaticamente direcionado para a linha 04 da Figura 5.11, quando podemos alterar o estado dos objetos do vetor ou até mesmo efetuar chamadas a métodos destes.

E está aqui o grande benefício do polimorfismo de inclusão: adicionamos a uma terceira classe, a um terceiro método, referências genéricas a partir de uma classe mãe. Todavia, o processamento será feito de forma dinâmica e concreta a partir dos objetos originados das classes filhas, o que nos dá a possibilidade de inclusão de novas classes filhas no sistema, adicionando processamentos novos a ele sem que este precise sofrer grandes modificações.

CAPÍTULO 6: COMPOSIÇÃO E AGREGAÇÃO

Neste capítulo veremos o último dos pilares da orientação a objetos: os conceitos coirmãos de composição e agregação. O fato de ser esta a última sessão a tratar dos principais temas do paradigma não quer dizer que o tema se encerra por aqui, apenas que os próximos utilizarão como base tudo que estudamos e estudaremos até o presente momento.

Quando falamos sobre composição e agregação estamos falando de uma relação entre objetos que não vimos até agora.

Estudamos que objetos podem se relacionar a partir da troca de mensagens, o que corresponde a uma interação com o propósito de resolver um determinado problema. Neste tipo de relacionamento, dizemos que uma classe depende de outra, estamos aqui criando uma relação de dependência.

Vimos também outro tipo de relação: Herança. Nela, classes filhas "herdam" atributos e métodos de suas classes mães sem que necessitemos obrigatoriamente reescrevê-los. Aqui temos uma relação hierárquica entre as classes.

As relações de composição e agregação são chamadas de relação do tipo associação. Neste tipo de relação, os objetos podem ou não existir separadamente e podem se associar dentro de um contexto "todo/parte".

Vamos imaginar uma relação deste tipo do nosso cotidiano. Um veículo é composto por várias partes, que até agora imaginávamos ser apenas atributos.

Um veículo possui cor, marca, modelo, ano de fabricação e assim por diante. Estas são as características, ou atributos que definem este objeto e dão o traço de como será a sua composição física e seu estado em memória.

Seguindo esse mesmo raciocínio, um veículo também possui um motor. Aqui, precisaremos utilizar nossa capacidade de abstração para analisar se um motor é mesmo um atributo de veículo.

Basicamente um atributo é uma característica única e que não possui "sub características", em contrapartida, um objeto, como dissemos, é algo que possui atributos e métodos.

Voltando então para o exemplo do motor, seria possível mudarmos nosso racional e interpretarmos que um motor é outro objeto e não somente um atributo de veículo?

Se este objeto motor for dotado de outros atributos e for capaz de executar seus próprios comportamentos, então a resposta será sim. Mas isso não quer dizer que o relacionamento com veículo se extingui por conta desta mudança.

É aqui que entra o relacionamento por associação "todo/ parte", um objeto pode fazer parte de outro objeto, assim como um motor pode fazer parte de um carro.

No relacionamento de associação, temos duas possibilidades: composição e agregação. Essas relações diferem entre si apenas pelo ciclo de vida dos objetos contendedores e dos objetos que estão contidos.

Nessas relações, temos dois objetos: o objeto contendedor, que chamaremos resumidamente aqui de objeto "pai" e o objeto que está contido, que apelidaremos de objeto "filho".

COMPOSIÇÃO DE OBJETOS

Na associação por composição, o objeto filho não existe, ou não faz sentido que existe fora do objeto pai. É como se disséssemos que um motor não existe caso o veículo não exista.

Repare que não estamos falando da não existência de uma classe que define este objeto. Estamos afirmando que tanto as classes quanto os objetos pai e filho existem, logo, suas classes também, como qualquer outro objeto, mas que este objeto filho deixa de existir tão logo o objeto pai também deixe.

É o que chamamos de ciclo de vida de um objeto dentro da relação de associação.

Na UML, representamos a composição de objetos a partir de duas classes interligadas. O conector (que lembra um losango preenchido) deverá estar representado junto à classe pai, como mostra o exemplo da Figura 6.1.

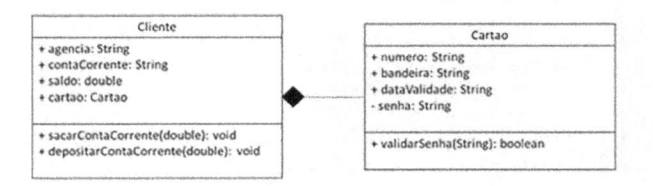

Figura 6.1 – Representando Composição na UML

Ainda na UML, existem referencias na literatura que dão conta da possibilidade de representarmos a cardinalidade dessa relação, que indicaria quantos objetos filhos fazem parte do objeto pai. Essa notação, apesar de usual, é pouco prática, como explicaremos a seguir.

Repare que na classe "Cliente", representada na Figura 6.1, temos um atributo "cartao" que é do tipo "Cartao" e na sequência a representação da associação. Essa é a forma correta de se representar uma relação de composição. Indicamos não somente a relação, mas também o atributo correspondente na classe pai.

Neste caso temos uma composição em que apenas um objeto do tipo "Cartao" fará parte de um objeto do tipo "Cliente". Em contrapartida, se tivéssemos na classe "Cliente" um vetor ou uma lista de cartões, teríamos naturalmente uma relação em que muitos objetos "Cartao" fariam parte de um objeto "Cliente".

No Java, a implementação desse modelo ficaria como mostra as figuras 6.2 e 6.3. Importante ressaltar aqui, que, para criação da classe pai, precisamos primeiro ter a classe filha criada.

```
                        Cartao.java
01    public class Cartao {
02
03        public String numero;
04        public String bandeira;
05        public String dataValidade;
06        private String senha;
07
08        public Cartao(String senha) {
09            this.senha = senha;
10        }
11
12        public boolean validarSenha(String senha) {
13            return (this.senha == senha);
14        }
15
16    }
```

Figura 6.2 – Implementando uma classe filha no Java

Ainda na Figura 6.2, alguns pontos importantes a serem observados:

- Não existe nenhuma mudança semântica seja na declaração da classe, dos atributos ou dos métodos no que vimos até então;

- Linha 08: implementamos um método construtor tão somente com o objetivo de exercitarmos o conceito, nada mais;

- Linha 13: escrevemos aqui uma implementação linear de operadores lógicos e relacionais. Caso os valores do parâmetro de entrada e do atributo sejam iguais, a resposta será *"true"* e caso contrário, *"false"*.

Na Figura 6.3 temos a implementação da classe pai. E aqui, alguns outros pontos devem ser notados:

- Não existe nenhuma mudança semântica seja na declaração da classe, dos atributos ou dos métodos no que vimos até então;
- Linha 06: aqui está a referência a associação por composição. Note que temos aqui um atributo, chamado "cartao" que é do tipo de dado "Cartao";
- Existem algumas implementações que dão conta da necessidade de explicitação da construção do objeto filho no construtor da classe pai. Neste caso, teríamos no construtor da classe "Cliente" a seguinte linha: *"this.cartao = new Cartao();"*;
- Assim como temos implementações e literaturas que recomendam a explicitação do construtor, temos referencias que sugerem a construção explícita do método destrutor que ficará com a responsabilidade de destruir o objeto filho, tão logo o pai seja destruído. Essas implementações se tornaram ineficazes com o tempo, na medida em que o *"garbage collector"* do Java passa a ser completamente não gerenciável pelo desenvolvedor.

```
                           Cliente.java
01    public class Cliente {
02
03       public String agencia;
04       public String contaCorrente;
05       public double saldo;
06       public Cartao cartao;
07
08       public void sacarContaCorrente(double valor) {
09           this.saldo -= valor;
10       }
11
12       public void depositarContaCorrente(double valor) {
13           this.saldo += valor;
14       }
15
16    }
```

Figura 6.3 – Implementação da classe pai no Java

Criaremos agora uma classe para testar e exercitar as nossas classes "Cartao" e "Cliente". Essa classe será representada na Figura 6.4.

```
                        TesteComposicao.java
01    public class TesteComposicao {
02
03       public static void main(String[] args) {
04
05           Cliente cliente = new Cliente();
06           cliente.agencia = "1234";
07           cliente.contaCorrente = "123456-7";
08           cliente.saldo = 2000.00;
09           cliente.cartao = new Cartao("123456");
10           cliente.cartao.numero = "12345678910";
11           cliente.cartao.bandeira = "Cartex";
12           cliente.cartao.dataValidade = "01/2030";
13
14           boolean senhaValida = cliente.cartao.validarSenha("654321");
15           System.out.println(senhaValida);
16
17       }
18    }
```

Figura 6.4 – Exercitando composição de objetos no Java

Vamos "digerir" juntos a implementação dessa classe teste, representada na Figura 6.4:

- Entre as linhas 05 e 08 estamos apenas instanciando o objeto pai e fazendo atribuição de valores aos seus atributos. Nada muda na semântica de criação da classe tampouco no mecanismo de instanciá-la;
- Linha 09: o atributo "cartao" do objeto "cliente" precisa ser instanciado, caso contrário, ao utilizarmos este atributo, que é um objeto composto, seja pela atribuição de valores aos atributos ou seja pela chamada de algum método, enfrentaremos um erro semelhante ao erro de utilização de um objeto comum sem que antes o instanciemos;
- Entre as linhas 10 e 12 estamos fazendo uso da atribuição de valores ao objeto composto utilizando a mesma semântica utilizada na atribuição de qualquer objeto que vimos até então;
- Linha 14: a invocação de um método de um objeto composto segue a mesma mecânica de chamada de um método de qualquer objeto. No exemplo, quando o processamento chegar na linha 14, será direcionado para a Linha 13 da classe "Cartão" (Figura 6.2);
- Linha 15: no nosso exemplo, a mensagem a ser impressa na tela será *"false"*. Uma vez que o valor do atributo senha do objeto "cartao" é "123456", valor configurado no momento em que instanciamos a classe "Cartao" (Linha 10).

AGREGAÇÃO DE OBJETOS

Assim como a composição, a agregação é uma forma de associação entre objetos. A única diferença entre elas é que, enquanto na composição o objeto filho deixa de existir tão logo o pai também deixe, na agregação, o objeto filho permanece existente.

Esta relação é chamada de agregação por que um objeto já existente passa a "agregar" valor a outro, também já existente sendo que o ciclo de vida de ambos os objetos dessa relação são independentes.

Na UML, a representação de uma relação de agregação é muito semelhante ao da composição. A única diferença se dá no "losango". Enquanto na composição ele aparece preenchido, na agregação, não.

Para exemplificar essa representação, imaginemos duas classes que participam de um sistema de comércio eletrônico de livros. Temos as classes "Carrinho" e "Livro".

A Figura 6.5 mostra a representação desse cenário utilizando a UML. Aqui, vale a mesma observação a despeito da cardinalidade que comentamos na composição. No nosso exemplo, note que temos uma lista de livros agregada à classe "Carrinho", logo, temos uma relação de "um para muitos", ou seja, um carrinho pode possuir um ou mais livros agregados.

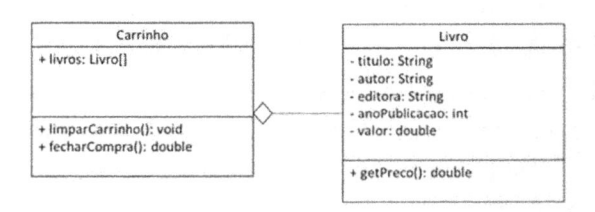

Figura 6.5 – Representando Agregação na UML

Vamos agora implementar este modelo utilizando o Java. Primeiramente, assim como na composição, devemos criar a classe filha, no nosso caso, a classe "Livro". A Figura 6.6 mostra a implementação desta classe.

```
                              Livro.java
01    public class Livro {
02
03        private String titulo;
04        private String autor;
05        private String editora;
06        private int anoPublicacao;
07        private double valor;
08
09        public Livro(String titulo, String autor, String editora,
10                     int anoPublicacao, double valor) {
11            this.titulo = titulo;
12            this.autor = autor;
13            this.editora = editora;
14            this.anoPublicacao = anoPublicacao;
15            this.valor = valor;
16        }
17
18        public double getValor(){
19            return this.valor;
20        }
21    }
```

Figura 6.6 – Implementando classe filha da agregação em Java

Ainda na Figura 6.6, repare que nada muda seja na sintaxe de criação da classe ou em qualquer outro conceito fundamental que vimos até aqui.

Veja ainda que criamos nesta classe todos os atributos com o nível de visibilidade privado e seus valores são atribuídos única e exclusivamente a partir do método construtor e o atributo "valor" é acessível no modo "somente leitura" a partir de um método "getter".

Quisemos demonstrar aqui, que nada do que estudamos e conhecemos até o momento muda com a implementação da agregação. A Figura 6.7 mostra a implementação da classe pai "Carrinho".

```
                              Carrinho.java
01    public class Carrinho {
02
03        public Livro[] livros;
04
05        public void limparCarrinho() {
06            this.livros = null;
07        }
08
09        public double fecharCompra() {
10            double totalCompra = 0.0;
11            if(this.livros != null) {
12                for(int i = 0; i < this.livros.length; i++) {
13                    totalCompra += this.livros[i].getValor();
14                }
15            }
16            return totalCompra;
17        }
18    }
```

Figura 6.7 - Implementando classe pai da agregação em Java

Repare na Figura 6.7, note que todos os aspectos sintáticos e semânticos que vimos até agora estão sendo mantidos. Mas algo a mais deve ter chamado a sua atenção.

Se não estivéssemos explicitamente falando que esta é uma relação de agregação, não haveria diferença alguma, quanto a implementação no Java, do que estamos fazendo agora para o que fizemos na implementação da composição. E é isso mesmo!

A única diferença está na forma de uso desta agregação, que veremos na Figura 6.8, quando criaremos uma classe que irá exercitar este modelo.

Neste exercício, criaremos um vetor de objetos do tipo "Livro", na sequência, criaremos quatro objetos também originários da classe "Livro". Adicionaremos cada um destes objetos em uma posição do vetor.

Por fim, criaremos um objeto do tipo "Carrinho" e agregaremos o vetor de livros a este objeto a partir do atributo "livros", que pode ser vista na linha 03 da classe "Carrinho" (Figura 6.7).

Neste momento a agregação estará feita. Tanto é que na sequência, invocaremos o método "fecharCompra" do objeto "carrinho", o que nos trará como retorno, a soma de todos os valores dos livros do objeto agregado.

Para comprovar que, mesmo após a destruição do objeto pai o objeto filho se manterá íntegro em memória, iremos invocar o método "limparCarrinho" do objeto "carrinho" e logo após isso, forçaremos a destruição deste objeto atribuindo *"null"* ao seu valor.

Cabe ressaltar aqui que apenas a atribuição de *"null"* a um objeto não garante, no Java, sua imediata remoção em memória. Isso porque temos na arquitetura Java (e não propriamente na linguagem) a figura do *"garbage collector"*, este sim, responsável por remover da memória objetos não utilizados e que não é um mecanismo gerenciável pelo desenvolvedor.

De qualquer forma, para o nosso exemplo, temos que o objeto contendedor foi inutilizado, mesmo assim o objeto filho manteve-se em memória, sendo possível ler seu estado e invocar seus métodos.

```
                          TesteAgregacao.java
01    public class TesteAgregacao {
02
03        public static void main(String[] args) {
04            Livro[] livros = new Livro[4];
05
06            Livro livroA = new Livro("O Mito da Caverna", "Platão",
07                            "Filosofando", 2015, 19.90);
08
09            Livro livroB = new Livro("O Banquete", "Platão",
10                            "Filosofando", 2013, 17.50);
11
12            Livro livroC = new Livro("A Politica", "Aristóteles",
13                            "Phylosophy", 2012, 52.90);
14
15            Livro livroD = new Livro("Ética", "Spinoza",
16                            "Phylosophy", 2016, 77.90);
17
18            livros[0] = livroA;
19            livros[1] = livroB;
20            livros[2] = livroC;
21            livros[3] = livroD;
22
23            Carrinho carrinho = new Carrinho();
24            carrinho.livros = livros;
25            double valorCompra = carrinho.fecharCompra();
26            System.out.println(valorCompra);
27
28            carrinho.limparCarrinho();
29            carrinho = null;
30
31            for(int i = 0; i < livros.length; i++) {
32                System.out.println(livros[i].getValor());
33            }
34
35        }
36    }
```

Figura 6.8 – Exercitando agregação de objetos no Java

Ainda na Figura 6.8, vamos pontuar linha a linha tudo o que comentamos acima:

- Linha 04: criamos um vetor de livros;
- Linha 06 até a Linha 17: criamos quatro objetos do tipo "Livro" ("livroA", "livroB", "livroC" e "livroD"), com seus respectivos valores de atributos passados no método construtor;
- Linha 18 até a Linha 21: adicionando cada objeto em uma posição do vetor;

- Linha 23: instanciamos a classe "Carrinho" criando o objeto "carrinho";
- Linha 24: agregamos o vetor de livros ao objeto "carrinho";
- Linha 25: chamamos o método "fecharCompra" do objeto "carrinho". Neste momento, o processamento é direcionado para a linha 10 da classe "Carrinho" (Figura 6.7) em que a lista de objetos do tipo "Livro" é percorrida e cada item tem o método "getValor" invocado;
- A invocação do método "getValor" na linha 13 da classe "Carrinho" (Figura 6.7) levará o processamento para a linha 19 da classe "Livro" (Figura 6.6);
- Linha 26: imprimimos em tela o retorno do método "fecharCompra()", que no nosso caso, será "168.20";
- Linha 28: chamamos o método "limparCarrinho" do objeto "carrinho". Neste momento, o processamento é direcionado para a linha 06 da classe "Carrinho" (Figura 6.7). Este método tem como objetivo forçar a "destruição" do objeto agregado na classe pai (lembre-se aqui do *garbage collector*" do Java);
- Linha 29: estamos aqui forçando a "destruição" do objeto carrinho (vale aqui a mesma observação referente ao GC do Java);
- Linha 31 até Linha 33: ao percorrer o vetor e invocar os métodos de seus objetos, vemos que a destruição do objeto contendedor não afetou o objeto filho. Aqui, imprimiremos em tela cada um dos valores de preço dos livros.

CAPÍTULO 7: CLASSES ABSTRATAS

Agora que abordamos todos os pilares da orientação a objetos: abstração, objeto, classe, ligação/mensagem, encapsulamento, herança e composição/agregação, podemos avançar para assuntos que utilizam esses pilares como base. Significa dizer que o que veremos daqui por diante usa tudo o que falamos até agora. Começaremos pelo conceito de classes e métodos abstratos.

CLASSES ABSTRATAS

De forma simples e direta, uma classe abstrata é uma classe como qualquer outra, dotada de atributos e métodos, mas que difere das demais por uma trava. Uma trava que impossibilita que ela seja instanciada. Ou seja, é uma classe que não pode ser instanciada, logo, uma classe que não gera objetos.

E por que criaríamos uma classe incapaz de gerar um objeto? Por uma razão simples, são objetos que possuem estado e são estruturas capazes de ocupar espaço em memória, mas principalmente, são eles os responsáveis pela execução de métodos.

Lembre-se, classes nada mais são do que especificações. Utilizamos uma classe abstrata quando queremos que dela não surja um objeto, capaz de ocupar um espaço em memória, ter um estado e executar um método.

Você deve estar pensando: "certo! Entendo o porquê criar uma classe abstrata, mas em que contexto prático eu usaria uma coisa dessas?"...

Para entender o contexto em que uma classe abstrata pode ser usada, é impossível não voltar alguns passos e falar sobre Herança.

Imagine o seguinte modelo de classes exibido na Figura 7.1. Nele temos uma classe "Cliente", uma superclasse, com duas que herdam desta classe: "ClientePF" e "ClientePJ".

Até aqui, lhe asseguro, não há nenhum novo conceito ou algo que você precisava ter visto anteriormente.

Olhando para este modelo, faço a seguinte série de reflexões: Faz sentido termos um objeto do tipo "ClientePF" ou "ClientePJ"? Seriam eles objetos concretos no contexto do nosso problema, capazes de executar comportamentos e terem estado? Se fizermos uma analogia com o mundo real, existem objetos concretos oriundos das classes "ClientePF" e "ClientePJ"?

Imagino que sim... Se pensarmos em uma agência bancária, teríamos alguns clientes de carne e osso, ou seja, objetos, e estes seriam do tipo "pessoa física" ou "pessoa jurídica".

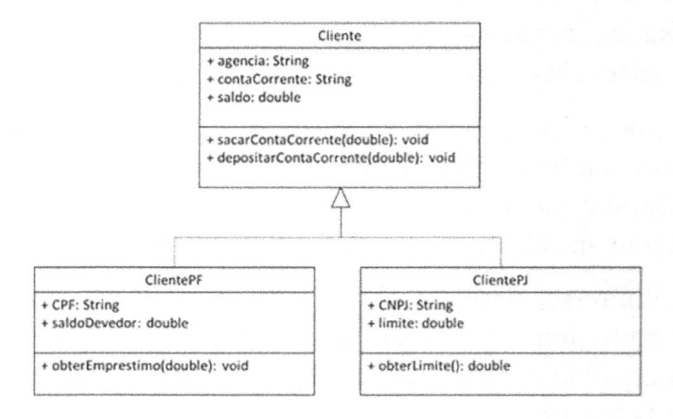

Figura 7.1 – Representação de uma hierarquia de classes utilizando UML

Agora proponho a mesma reflexão, mas olhando para a classe "Cliente". Faria sentido termos um objeto concreto do tipo "Cliente"? Se fizermos uma analogia com o mundo real, teríamos uma agência bancária com três tipos de cliente?

Aqui não temos uma resposta certa, mas se essa reflexão nos levar a algo parecido com: "Temos objetos do tipo PF e PJ, mas Cliente mesmo não. Criamos essa classe apenas para utilizar todos os benefícios da herança...", diria então que a classe "Cliente" é uma grande candidata a ser uma classe abstrata.

Isso por que, por definição, uma classe abstrata não gera um objeto concreto, ela é criada como um mecanismo de abstração, de generalização. Razão pela qual a sua utilização está ligada à aplicação do conceito de herança.

Um ponto semântico importante. Toda classe mãe em uma relação de herança é uma classe abstrata? Não, mas toda classe abstrata geralmente é utilizada dentro de um contexto de herança.

Em regra, se uma classe mãe em uma relação de herança foi criada com o único propósito de aglomerar atributos e métodos comuns às suas classes filhas e os objetos concretos eventualmente nascidos dela não fazem sentido dentro do contexto do problema, então essa classe é uma classe abstrata.

Na UML, a única mudança no exemplo da Figura 7.1 é a adição da anotação "<<*abstract*>>" acima do nome da classe, do mostra a Figura 7.1.

Em termos de modelagem e representação, no Diagrama de Classes, não existe mais nenhum outro recurso. A mudança se dá em diagramas que representam aspectos dinâmicos, como, por exemplo, o Diagrama de Sequência, em que são representados objetos e não classes. Nestes diagramas, classes abstratas não devem ser representadas.

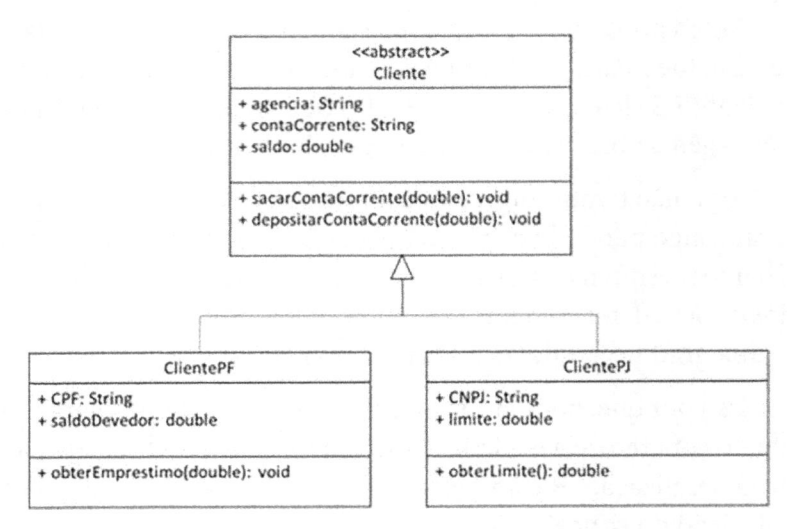

Figura 7.2 – Representação de uma classe abstrata na UML

A implementação de uma classe abstrata no Java consiste na alteração única e exclusivamente da classe que não poderá ser instanciada, no nosso caso, a classe mãe "Cliente".

A Figura 7.3 mostra como "marcamos" uma classe como abstrata. Repare que na linha 01 temos a inclusão da palavra reservada "*abstract*" na declaração da classe.

```
                        Cliente.java
01    public abstract class Cliente {
02
03        public String agencia;
04        public String contaCorrente;
05        public double saldo;
06
07        public void sacarContaCorrente(double valor) {
08            this.saldo -= valor;
09        }
10
11        public void depositarContaCorrente(double valor) {
12            this.saldo += valor;
13        }
14
15    }
```

Figura 7.3 – Implementando uma classe abstrata no Java

Mas como essa "marcação" garante que uma classe efetivamente não pode ser instanciada? Para isso, precisamos de uma classe de exemplo que tente instanciar (com o "*new*") essa classe abstrata para vermos qual é o comportamento. A Figura 7.4 mostra a implementação dessa classe teste.

```
                    TesteClasseAbstrata.java
01    public class TesteClasseAbstrata {
02
03        public static void main(String[] args) {
04
05            ClientePF clienteFisico = new ClientePF();
06            clienteFisico.agencia = "1234";
07            clienteFisico.contaCorrente = "0123456-7";
08            clienteFisico.saldo = 150.50;
09            clienteFisico.cpf = "123.456.789-10";
10            clienteFisico.sacarContaCorrente(50.00);
11            clienteFisico.obterEmprestimo(5000.00);
12            clienteFisico.depositarContaCorrente(100.00);
13
14            Cliente cliente = new Cliente();
15            cliente.agencia = "5432";
16            cliente.contaCorrente = "12345678-9";
17            cliente.saldo = 2000.00;
18            cliente.sacarContaCorrente(100.00);
19            cliente.depositarContaCorrente(50.00);
20        }
21    }
```

Figura 7.4 – Testando uma classe abstrata no Java

Ainda na Figura 7.4, vamos analisar quais seriam os comportamentos esperados para este exercício:

- O intervalo compreendido entre as linhas 05 e 12 não possuem qualquer tipo de problema. Isso porque estamos instanciando uma classe filha que por mais que utilize os atributos e métodos de uma classe mãe abstrata, nada muda. Tudo que aprendemos e estudamos até agora se mantém!

- Linha 14: é exatamente aqui que teremos um problema e ele virá na forma de erro de compilação, ou seja, nossa aplicação não irá compilar, logo, sequer poderá ser executada. Isso é o que chamamos de "trava forte", aquela que impossibilita a utilização de algo que contradiz a razão pela qual foi projetado;

- Linha 15 até a linha 19: nada será executado. Uma vez que o objeto não pode ser instanciado, sequer podemos fazer atribuições ao seu estado e tampouco invocar seus métodos.

MÉTODOS ABSTRATOS

A primeira coisa a saber sobre métodos abstratos é que eles só são utilizados dentro do contexto de classes abstratas, ou seja, não existem em classes normais como as que estudamos até agora.

Um método abstrato é obrigatoriamente declarado em uma classe abstrata e não possui implementação. Confuso não? Explico...

Este tipo de método não requer uma implementação no local de sua declaração, mas sim, obriga as classes filhas que eventualmente herdem da classe em que o método está declarado a implementarem-no.

Vamos a um exemplo prático. Peguemos o exemplo da nossa classe "Cliente". Vamos adicionar a ela um método chamado "calcularLimite". Este exemplo estará representado na Figura 7.5.

```
                        Cliente.java
01    public abstract class Cliente {
02
03        public String agencia;
04        public String contaCorrente;
05        public double saldo;
06
07        public void sacarContaCorrente(double valor) {
08            this.saldo -= valor;
09        }
10
11        public void depositarContaCorrente(double valor) {
12            this.saldo += valor;
13        }
14
15        public abstract double calcularLimite();
16
18    }
```

Figura 7.5 – Declarando métodos abstratos no Java

Ainda na Figura 7.5, vamos pontuar alguns aspectos relacionados a linha 15:

- É apenas nesta linha que temos algo relacionado a métodos abstratos. No restante da classe, nada mudou!

- Métodos abstratos só podem ser declarados com os níveis de visibilidade público e protegido;

- Obrigatoriamente, após a declaração do nível de visibilidade, devemos utilizar a palavra reservada "abstract", que "marca" este método como um método efetivamente abstrato;

- Na classe abstrata temos apenas a declaração do método, ou seja, sua assinatura e nada mais. Tudo que vimos a despeito da assinatura de métodos se mantém aqui, exceção feita ao nível de visibilidade que citamos acima.

E sobre declaração de métodos abstratos é só isso mesmo. O restante fica por conta da obrigatoriedade da implementação deste método pelas classes filhas. A Figura 7.6 mostra a implementação da classe filha "ClientePF". É nela que implementaremos concretamente o método "calcularLimite".

```
                      ClientePF.java
01   public class ClientePF extends Cliente {
02
03       public String cpf;
04       public double saldoDevedor;
05
06       public void obterEmprestimo(double valor) {
07           super.saldo += valor;
08           this.saldoDevedor += valor;
09       }
10
11       public double calcularLimite(){
12           double limite = 0.0;
13           if(this.saldoDevedor <= 2000.00) {
14               limite = 5000.00;
15           }
16           else if(this.saldoDevedor > 2000.00 &&
17                   this.saldoDevedor <= 5000.00) {
18               limite = 1000.00;
19           }
20           return limite;
21       }
22
23   }
```

Figura 7.6 – Implementando métodos abstratos no Java

Alguns pontos relevantes na implementação de métodos abstratos, representados na Figura 7.6:

- Na assinatura do método (linha 11) removemos a palavra reservada "*abstract*". Isso porque o método passa a ser um método concreto;

- A implementação do método segue todas as regras e normas que discutimos aqui, inclusive quanto a possibilidade de chamada de métodos concretos declarados na classe mãe;

- A assinatura do método deve ser idêntica à declarada na classe mãe, ou seja, nome do método, tipo de retorno (se houver) e parâmetros de entrada (se houver) devem ser iguais aos da assinatura declarada na classe mãe abstrata;

- Caso não tivéssemos nessa classe o código descrito no intervalo entre as linhas 11 e 21, nosso código não seria compilado. Teríamos novamente a tal "trava forte", ou seja, o padrão deveria ser obrigatoriamente respeitado. Enquanto o método não fosse implementado, nossa aplicação não seria compilada nem tampouco executada.

A utilização dessa classe filha e do método abstrato, que agora se tornou um método concreto, segue a mesma diretiva de tudo que vimos até agora. Essa mecânica pode ser observada na Figura 7.7.

```
                    TesteMetodoAbstrato.java
01    public class TesteMetodoAbstrato {
02
03        public static void main(String[] args) {
04
05            ClientePF clienteFisico = new ClientePF();
06            clienteFisico.agencia = "1234";
07            clienteFisico.contaCorrente = "0123456-7";
08            clienteFisico.saldo = 150.50;
09            clienteFisico.cpf = "123.456.789-10";
10            clienteFisico.sacarContaCorrente(50.00);
11            clienteFisico.obterEmprestimo(5000.00);
12            clienteFisico.depositarContaCorrente(100.00);
13            double limite = clienteFisico.calcularLimite();
14            System.out.println(limite);
15        }
16    }
```

Figura 7.7 – Exercitando métodos abstratos no Java

Note na Figura 7.6 que a chamada ao método "calcular-Limite", na linha 13, não possui qualquer diferença para uma chamada de um método como vimos até então. Isso se dá por que, apesar de o método ser abstrato no nível da classe abstrata, ele é um método concreto (podemos chamar de "normal") no nível da classe filha.

Por fim, podemos concluir que além do método abstrato forçar a partir de uma "trava forte" a implementação nas classes filhas, ele também proporciona flexibilidade quanto a obrigatoriedade da assinatura, mas não quanto a implementação.

Seria dizer, no nosso exemplo, que todas as classes filhas são obrigadas a implementar o "calcularLimite", mas que cada uma é livre para implementar a regra de acordo com o contexto em que elas servem. No nosso caso, por exemplo, o limite de um cliente pessoa jurídica poderia ter uma forma diferente de cálculo, o que não invalidaria nem impactaria na implementação deste cálculo em um cliente pessoa física.

CAPÍTULO 8: CONSTANTES

Nos primórdios, quando começamos a estudar algoritmos, vimos que, além das entradas de dados, para resolver um problema, precisamos de armazenar informações adicionais nos nossos programas.

Por exemplo, se o objetivo de um algoritmo for, a partir de um determinado valor de entrada, que corresponde ao valor de salário bruto de um funcionário, retornar como saída o valor de seu salário líquido, teremos, dentro da lógica deste algoritmo, que dispor de informações adicionais que compõe este cálculo, como, por exemplo, valor total de desconto.

Essas informações adicionais devem, obrigatoriamente, ser armazenadas em estruturas de memória, para que possamos lê-las e eventualmente fazer atribuição de valores a elas.

A estas estruturas de memória, damos popularmente o nome de variáveis, quando por natureza seu conteúdo pode variar, ou seja, quando podemos fazer leitura e atribuição de novos valores. Todavia também temos as estruturas de memórias chamadas de constantes, cujo conteúdo, claro, não pode variar.

Mas estes são os conceitos de variáveis e constantes empreendidos nos estudos de algoritmos.

Acontece que, ao sermos transportados para cá, no estudo do paradigma da orientação a objetos, temos o conceito de constante aplicados a: atributos, métodos e classes.

O conceito de constantes, na orientação a objetos, não tem relação total com o conceito de constantes dos algoritmos, mas leva alguma similaridade.

Neste capítulo, veremos a aplicação do conceito de constantes em: atributos, métodos e classes.

ATRIBUTOS CONSTANTES

Um atributo constante se assemelha muito ao conceito de constantes que estudamos em algoritmos. Ele é um atributo, como qualquer outro, que será declarado em uma classe, que possui um nível de visibilidade e um tipo de dado, mas que a atribuição do seu valor é dada única e exclusivamente no momento de sua declaração.

Para estes tipos de atributos, é proibido termos atribuição de valores fora do definido inicialmente. É como se tivéssemos um atributo "somente leitura".

Na UML, ao representarmos um atributo constante, precisamos adicionar, na sua declaração: anotação "*readOnly*" e o valor de sua atribuição inicial, como mostra a Figura 8.1. Em algumas representações e referências na literatura, poderemos encontrar o atributo escrito em caixa alta e com o seu valor atribuído declarado explicitamente.

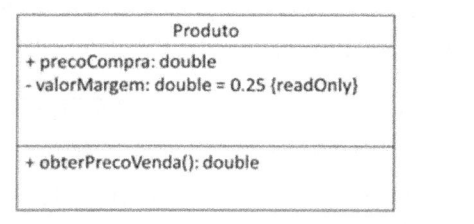 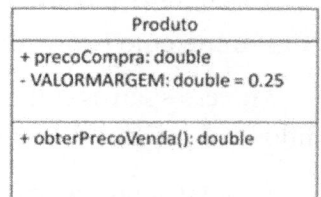

Figura 8.1 – Representando atributos constantes na UML

A implementação dessa classe no Java não possui variações, utilizamos a palavra reservada "*final*" na declaração do atributo e adicionamos na própria declaração o valor do atributo, como mostra a Figura 8.2.

```
                              Produto.java
01    public class Produto {
02
03        public double precoCompra;
04        private final double valorMargem = 0.25;
05
06        public double obterPrecoVenda() {
07            double valorVenda = (this.precoCompra) *
08                            (1.0 + this.valorMargem);
09
10            return valorVenda;
11        }
12    }
```

Figura 8.2 – Implementando atributos constantes no Java

Ainda na Figura 8.2, repare em duas linhas: 04 e 08, nesta estamos fazendo o uso do atributo, o que é correto, enquanto naquela estamos fazendo a declaração utilizando o "*final*" e já atribuindo um valor. É importante ressaltar que aqui é o único lugar em que podemos fazer uma atribuição de valor a este atributo.

Repare ainda que todo o resto da declaração de um atributo convencional se mantém: nome do atributo, tipo de dado e nível de visibilidade. Bem como a utilização ou acesso deste atributo.

No nosso exemplo, estamos trabalhando com um atributo privado, mas imaginemos uma troca deste nível de visibilidade de "*private*" para "*public*". Teríamos, portanto, algo como: "*public final double valorMargem = 0.25;*".

Vamos agora criar uma classe que exercita a nossa classe "Produto". Chamaremos ela de "TesteAtributoConstante", que poderá ser visualizada na Figura 8.3.

```
                        TesteAtributoConstante.java
01     public class TesteAtributoConstante {
02
03       public static void main(String[] args) {
04
05         Produto produto = new Produto();
06         produto.precoCompra = 250.00;
07         double margem = produto.valorMargem;
08         System.out.println(margem);
09         double valorVenda = produto.obterPrecoVenda();
10         System.out.println(valorVenda);
11
12         produto.valorMargem = 0.35;
13       }
14     }
```

Figura 8.3 – Exercitando atributos constantes no Java

Ainda na Figura 8.3, vamos analisar alguns pontos:

- Entre as linhas 05 e 06, estamos instanciando o objeto e atribuindo valor ao atributo "precoCompra". Até aqui nenhum problema nem nada de novidade frente ao que estudamos até então;

- Linha 07: aqui estamos lendo o valor do atributo constante, neste caso, nenhum problema sintático ou semântico. Se quiséssemos imprimir este valor, o que ocorre na linha 08, o valor a ser impresso seria "0.25";

- Linha 09: aqui estamos fazendo uma chamada ao método "obterPrecoVenda". Neste ponto, o processamento será direcionado para a linha 07 da classe "Produto" (Figura 8.2). Até aqui também não temos nenhum problema nem novidades;

- Na linha 10, se quiséssemos imprimir o valor do retorno do método da linha acima, teríamos o resultado impresso em tela igual a "312.50";

- Linha 12: aqui sim, temos um problema! Muito embora o atributo esteja visível (público), não podemos fazer a atribuição proposta nesta linha. E aqui temos um problema ainda maior, quando declaramos um atributo como constante, qualquer tipo de tentativa de atribuição de valor a ele incorrerá num erro de compilação, ou seja, por conta desta linha, nossa classe inteira não compilará, tampouco nossa aplicação. Em resumo, a linha 12 inviabiliza a execução de todas as linhas anteriores.

E assim é o comportamento de um atributo constante. Podemos declara-lo, podemos ler seus valores, mas a tentativa de atribuição de valor fora de sua declaração gerará um erro de compilação. É mais um exemplo do que comentamos anteriormente de "trava forte".

MÉTODOS CONSTANTES

A primeira coisa a saber sobre métodos constantes é que estes estão relacionados diretamente ao conceito de herança e de métodos polimórficos de sobrescrita.

Um método constante é uma espécie de "trava" que adicionamos a um método (normal como qualquer outro) que impede que este seja sobrescrito a partir de um método polimórfico em uma classe filha àquela que ele está declarado.

Em que tipo de situação utilizamos este tipo de "trava"? Quando uma regra de negócio, ou um comportamento, implementada em um método declarado em uma classe mãe não pode ser modificado de forma alguma por uma classe filha.

Na UML, muito embora pouco utilizado, utilizamos a anotação "<<*final*>>" ou simplesmente grafamos a declaração do texto em caixa alta, como podemos ver na Figura 8.4.

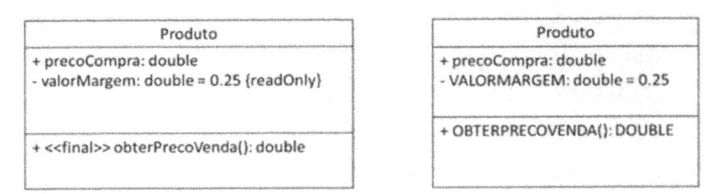

Figura 8.4 – Representando métodos constantes na UML

Vamos ver na prática, implementando métodos constantes no Java, qual é o comportamento deste conceito.

As figuras 8.5 e 8.6 mostra, como declaramos um método constante em uma classe e como os invocamos logo em sequência. Repare que até então, exceção feita ao uso da palavra reservada *"final"* na declaração do método (linha 06 da Figura 8.5), nada muda do que estudamos sobre métodos.

```
                          Produto.java
01    public class Produto {
02
03        public double precoCompra;
04        public final double valorMargem = 0.25;
05
06        public final double obterPrecoVenda() {
07            double valorVenda = (this.precoCompra) *
08                               (1.0 + this.valorMargem);
09
10            return valorVenda;
11        }
12    }
```

Figura 8.5 – Declarando métodos constantes no Java

Repare que na Figura 8.6 (linha 08), a mecânica de invocação de um método constante é a mesma do que a de qualquer outro método.

```
                    TesteMetodoConstante.java
01    public class TesteMetodoConstante {
02
03        public static void main(String[] args) {
04
05            Produto produto = new Produto();
06            produto.precoCompra = 250.00;
07
08            double valorVenda = produto.obterPrecoVenda();
09            System.out.println(valorVenda);
10
11        }
12    }
```

Figura 8.6 – Utilizando métodos constantes no Java

A aplicabilidade de um método constante se dá quando temos uma classe que herda da classe em que o método está declarado.

Na Figura 8.7 temos um exemplo de uma classe "Bolacha" que herda da nossa classe "Produto" e que, baseado no conceito de polimorfismo de sobrescrita, reimplementa o método "obterPrecoVenda()";

```
                        Bolacha.java
01    public class Bolacha extends Produto {
02
03        @Override
04        public double obterPrecoVenda() {
05            double valorVenda = (super.precoCompra) * 1.2;
06            return valorVenda;
07        }
08    }
```

Figura 8.7 – Estendendo uma classe e aplicando polimorfismo de sobrescrita em métodos constantes no Java

Aqui teremos a "trava forte" de um método constante. Nossa classe "Bolacha" não será compilada, acusando um erro na linha 04. Isso porque não podemos sobrescrever um método constante, como é o caso. Neste caso, nossa classe filha não será compilada, logo, nossa aplicação também não.

Por fim, podemos concluir que um método constante é usado quando a regra implementada na classe mãe não pode ser modificada em tempo algum, o que no nosso exemplo, significa que o valor de venda não poderá ser especializado por produtos filhos da classe "Produto".

CLASSES CONSTANTES

O conceito de constantes aplicado no nível de classe tem por objetivo estabelecer uma "trava" que impossibilite essa classe de ser herdada, ou seja, marcamos uma classe como constante quando não queremos que seus atributos e métodos sejam reutilizados de qualquer forma.

Muito embora pouco usual, podemos presentar uma classe constante na UML utilizando uma notação, por exemplo, "<<*final*>>" escrita no topo da classe, semelhante à quando estudamos classes abstratas. A Figura 8.8 mostra um exemplo de representação de uma classe constante na UML.

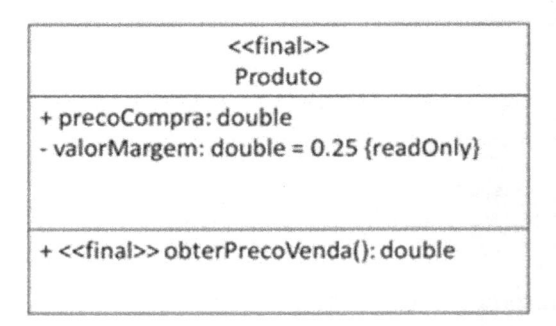

Figura 8.8 – Representando uma classe constante na UML

No Java, a única mudança quanto à definição de uma classe constante, frente ao que vimos até agora, está na inclusão da palavra reservada "final" na declaração da classe, como mostra a Figura 8.9.

```
                          Produto.java
01    public final class Produto {
02
03        public double precoCompra;
04        public final double valorMargem = 0.25;
05
06        public final double obterPrecoVenda() {
07            double valorVenda = (this.precoCompra) *
08                                 (1.0 + this.valorMargem);
09
10            return valorVenda;
11        }
12    }
```

Figura 8.9 – Implementando uma classe constante na UML

A utilização de uma classe constante, ou seja, instanciar essa classe, atribuir valor aos seus atributos, bem como invocar seus métodos, continua tal como vimos até agora. Um exemplo dessa dinâmica pode ser visto na Figura 8.10.

Ainda na Figura 8.10, repare que estamos instanciando a classe "Produto", bem como atribuindo valores e fazendo chamadas aos seus métodos. Até aqui, não teremos nenhum tipo de problema, seja de sintaxe ou de semântica.

```
                    TesteClasseConstante.java
01    public class TesteClasseConstante {
02
03        public static void main(String[] args) {
04
05            Produto produto = new Produto();
06            produto.precoCompra = 250.00;
07
08            double valorVenda = produto.obterPrecoVenda();
09            System.out.println(valorVenda);
10
11        }
12    }
```

Figura 8.10 – Instanciando uma classe constante no Java

O "problema" acontecerá caso tentemos herdar a classe constante. No nosso caso, tentemos criar outra classe que herde da classe "Produto", teremos um erro de compilação nessa classe filha.

Um exemplo deste problema pode ser visto na Figura 8.10, neste caso, teremos um erro de compilação apontando para a linha 01 da classe "Bolacha", o que a impedirá de ser compilada o que por consequente acarretará falha de compilação na nossa aplicação. Aqui temos mais um exemplo do que chamamos de "trava forte".

```
                        Bolacha.java
01      public class Bolacha extends Produto {
02
03
04          }
```

Figura 8.11 – Tentando herdar uma classe constante no Java

CAPÍTULO 9: INTERFACES

Neste capítulo veremos o conceito de interface. Mais um da série de ideias que não fazem parte dos pilares da orientação a objetos, mas que nem por isso é menos utilizado que os demais. Aqui, vale-se da mesma ideia que conversamos anteriormente, utilizaremos os conceitos fundamentais da orientação e objetos e daremos mais alguns passos adiante.

O QUE É

De primeira lhe aviso, se você olhou para este capítulo e imaginou que falaríamos algo relacionado a interface do usuário (*user interface*), telas ou algo do gênero, lamento lhe decepcionar. A interface da orientação a objetos não tem nenhuma relação com as interfaces gráficas.

Acredito que a palavra que melhor define o que é uma interface na orientação a objetos é "contrato". Mas um contrato de quem com quem?

Imaginemos a seguinte situação. Pense que eu tenho habilidades e conhecimentos para fazer cálculos de valores de salários líquidos. Basta que alguém me informe um salário bruto e sua quantidade de dependentes, que eu devolvo o valor do salário bruto.

Nesta alegoria, imagine que você irá usufruir deste meu serviço. Para você não importa a sequência nem a forma como eu executo este meu comportamento, contanto que a resposta seja dada. Enquanto isso, para mim, não importa quem irá me mandar as informações, contanto que as informações de salário e de quantidade de dependentes me sejam informadas.

Temos aqui um contrato de comunicação que não pode ser quebrado, um protocolo de comunicação que define a forma como conversaremos.

Se caso algum dia eu passe a exigir mais informações, como, por exemplo, valor de descontos adicionais, nossa conversa será prejudicada. Isso quer dizer que temos um contrato, mas que ele não é forte o suficiente, podendo ser "quebrado" a qualquer instante.

Em contrapartida, se eu assinasse uma espécie de termo que me impedisse de fazer qualquer alteração no protocolo dessa conversa, tanto melhor seria para a nossa conversa.

Neste "termo", estaria explícito apenas que eu não posso mudar o protocolo da nossa conversa, algo análogo à assinatura de um método, mas não me impõe qualquer tipo de restrição quanto à mudança da forma como eu implemento esse comportamento, afinal de contas, para você pouco importa a forma como eu faço o cálculo, contanto que eu o faça.

Assim é uma interface na orientação a objetos, um contrato que determina quais métodos uma classe deve implementar, bem como suas respectivas assinaturas, mas que não obriga a forma da sua implementação.

Uma interface, diferentemente de uma classe, não pode ser instanciada, ou seja, ela não gera uma instância. Não possui atributos, logo não possui estado e como dissemos, não tem em seu corpo, a implementação dos métodos, sobrando para ela a única incumbência de ter as assinaturas dos métodos.

Na UML, a representação de uma interface se assemelha muito ao de uma classe, não fosse a especificação do estereótipo

"<<interface>>" adicionado no topo do elemento. Além disso, em uma interface, temos apenas métodos. A Figura 9.1 mostra a representação de uma interface na UML.

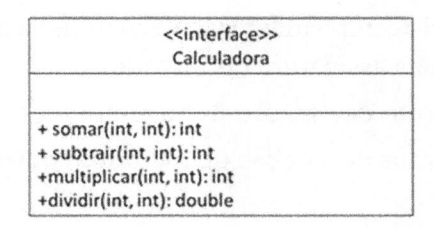

Figura 9.1 – Representando uma interface na UML

Ainda na Figura 9.1, repare que todos os métodos estão representados com nível de visibilidade público. Isso porque estes métodos precisam ser visíveis pelas classes que irão implementar esta interface, logo, naturalmente, precisam ser públicos.

No Java, a especificação dessa interface ficará como mostra a Figura 9.2.

```
                          Calculadora.java
01    public interface Calculadora {
02
03        public int somar(int numeroA, int numeroB);
04        public int subtrair(int numeroA, int numeroB);
05        public int multiplicar(int numeroA, int numeroB);
06        public int dividir(int dividendo, int divisor);
07
08    }
```

Figura 9.2 – Especificando uma interface no Java

Ainda na Figura 9.2, note que algumas coisas mudam quando estamos falando de interfaces:

- Na declaração (linha 01), não utilizamos mais a palavra reservada "*class*", mas sim "*interface*";

- No corpo da interface temos apenas a assinatura do método e não a sua implementação. Algo que se assemelha ao método abstrato que estudamos quando vimos classes abstratas;
- Não existe implementação de mais nada na interface que não seja a assinatura do método;
- Não temos declaração de atributos;
- Não temos declaração de métodos construtores.

Uma interface por si só não é nada mais que um contrato. Necessitamos de algo que implemente este contrato e este "algo" é uma classe. É aqui que a relação de obrigatoriedade se faz.

Uma classe é obrigada a implementar todos (sem distinção) os métodos especificados pela interface. Caso algum não seja implementado, essa classe não compilará, logo, a aplicação também não.

Para representarmos, utilizando a UML, a relação classe/interface, utilizamos uma notação que muito se assemelha a relação de herança. Com uma única diferença, na herança, a linha da seta é contínua, enquanto aqui, tracejada. A Figura 9.3 mostra um exemplo de como desenhamos essa relação em um modelo.

Ainda na Figura 9.3, podemos perceber que não precisamos necessariamente explicitar, na classe, os métodos da interface. Somente a relação já denota que a classe "CalculadoraXpto" conterá os métodos da interface.

Podemos notar ainda que a classe que implementa nossa interface é uma classe como qualquer outra que vimos até agora. Dotada dos seus próprios métodos e atributos. A relação interface/herança obriga apenas que a classe implemente os métodos especificados na interface, mas não obriga que a classe tenha tão e somente estes métodos. Aqui, podemos ter tantos atributos e tantos métodos quantos necessários.

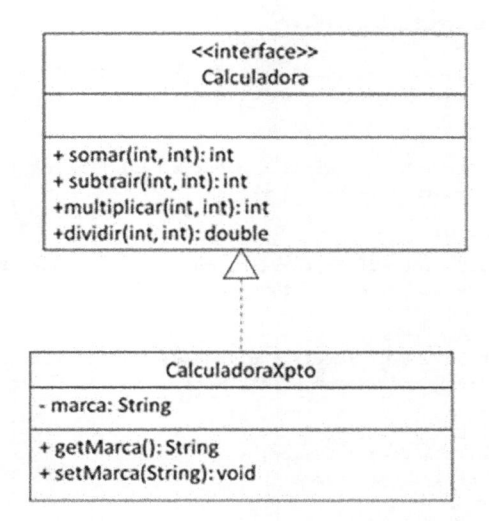

Figura 9.3 – Representando implementação de interface na UML

No Java, a implementação da classe "CalculadoraXpto", classe esta que implementa a nossa interface, ficará como mostra a Figura 9.4.

```
                        CalculadoraXpto.java
01    public class CalculadoraXpto implements Calculadora {
02
03        private String marca;
04
05        public int somar(int numeroA, int numeroB){
06            return numeroA + numeroB;
07        }
08
09        public int subtrair(int numeroA, int numeroB){
10            return numeroA - numeroB;
11        }
12
13        public int multiplicar(int numeroA, int numeroB){
14            return numeroA * numeroB;
15        }
16
17        public int dividir(int dividendo, int divisor){
18            return dividendo / divisor;
19        }
20
21        public String getMarca(){
22            return this.marca;
23        }
24
25        public void setMarca(String valor){
26            this.marca = valor;
27        }
28    }
```

Figura 9.4 – Implementando uma interface no Java

Vamos "digerir" juntos ponto a ponto da classe representada na Figura 9.4:

- Linha 01: para indicarmos que uma classe implementa uma determinada interface, utilizamos a palavra reservada *"implements"*, seguida do nome da interface que esta implementa;

- Linha 03: temos aqui o atributo da classe. Vale lembrar que uma classe, por mais que implemente uma interface, pode ter seus próprios atributos e métodos. O que é possível de se verificar na implementação dos métodos "*getter*" e "*setter*" para este atributo, no intervalo entre as linhas 21 e 27;

- Entre as linhas 05 e 19 temos a implementação concreta dos métodos definidos na interface: "somar", "subtrair", "multiplicar" e "dividir". A ausência de qualquer um destes métodos faria com que a classe "CalculadoraXpto" não compilasse;

- Todos os métodos têm nível de visibilidade público. Veremos mais adiante o motivo.

Algumas dúvidas podem surgir agora, principalmente relacionadas à aplicação dos conceitos que já vimos. Tentaremos enumerar aqui as principais.

O uso de uma classe que implementa uma interface é o mesmo? Sim! Exatamente a mesma coisa que estudamos até agora. Essa classe pode ser instanciada, seus atributos podem ter valores associados e seus métodos podem ser invocados.

Uma classe que implementa uma interface, pode herdar de outra classe? Sim! Neste caso nada muda do que vimos, haveríamos de ter, neste caso, uma classe filha que herda todos os atributos e métodos de uma classe mãe e que obrigatoriamente deve implementar obrigatoriamente os métodos definidos na interface.

Vamos incrementar nosso exemplo, criando uma classe mãe para nossa classe "CalculadoraXpto", chamaremos ela de "CalculadoraCientifica" e sua implementação pode ser vista na Figura 9.5.

```
                    CalculadoraCientifica.java
01    public class CalculadoraCientifica {
02
03        public double efetuarPotenciacao(int base, int expoente) {
04            return Math.pow(base, expoente);
05        }
06
07    }
```

Figura 9.5 – Implementando herança com interfaces no Java (classe mãe)

A modificação da classe filha, no nosso exemplo "CalculadoraXpto", ficará restrito apenas à sua declaração. Acrescentaremos a descrição de herança juntamente com a discriminação da implementação da interface, conforme podemos ver na linha 01 da Figura 9.6.

De resto, nada muda. O que significa dizer que agora, nossa classe "CalculadoraXpto" possui sete métodos:

- "somar", "subtrair", "multiplicar" e "dividir" vindos da obrigatoriedade da implementação da interface;
- "getMarca" e "setMarca", os métodos *getter* e *setter* implementados e dentro do contexto da própria classe filha;
- "efetuarPotenciacao" este o método herdado a partir da extensão da classe mãe "CalculadoraCientifica";

É importante ressaltar aqui que o uso da classe filha "CalculadoraXpto", seja na geração de instância, atribuição de valores ou invocação de métodos permanecem da mesma forma que estudamos até agora.

```
                              CalculadoraXpto.java
01    public class CalculadoraXpto extends CalculadoraCientifica implements Calculadora {
02
03        private String marca;
04
05        public int somar(int numeroA, int numeroB){
06            return numeroA + numeroB;
07        }
08
09        public int subtrair(int numeroA, int numeroB){
10            return numeroA - numeroB;
11        }
12
13        public int multiplicar(int numeroA, int numeroB){
14            return numeroA * numeroB;
15        }
16
17        public int dividir(int dividendo, int divisor){
18            return dividendo / divisor;
19        }
20
21        public String getMarca(){
22            return this.marca;
23        }
24
25        public void setMarca(String valor){
26            this.marca = valor;
27        }
28    }
```

Figura 9.6 – Implementação de herança com interface (classe filha)

Podemos implementar herança com interfaces? Canonicamente, uma interface não pode ser estendida, ou seja, não pode ser herdada por outra classe. Mas aqui temos um ponto de inflexão. Existem algumas linguagens, como o Java, por exemplo, que permitem a herança de interfaces. O que, na prática, constitui apenas um acréscimo de métodos a serem obrigatoriamente implementados por uma classe que eventualmente implemente uma "interface filha", ou seja, esta classe deverá implementar todos os métodos da interface "filha" e mais os da interface "mãe".

Vamos mostrar essa dinâmica na prática. Imagine que tenhamos agora uma interface "CalculadoraCientifica", que será "mãe" da nossa interface "Calculadora". A implementação deste cenário está representada nas figuras 9.7 e 9.8.

```
                         CalculadoraCientifica.java
01    public interface CalculadoraCientifica {
02
03        public double efetuarPotenciacao(int base, int expoente);
04    }
```

Figura 9.7 – Especificação de uma "interface" mãe no Java

Repare que até o momento, na declaração de uma interface "mãe", nada mudou. Temos aqui todos os aspectos que observamos na criação de uma interface neste capítulo.

```
                         Calculadora.java
01    public interface Calculadora extends CalculadoraCientifica {
02
03        public int somar(int numeroA, int numeroB);
04        public int subtrair(int numeroA, int numeroB);
05        public int multiplicar(int numeroA, int numeroB);
06        public int dividir(int dividendo, int divisor);
07
08    }
```

Figura 9.8 – Especificação de uma "interface" filha no Java

Ainda na Figura 9.8, repare que a única diferença para o que vimos até então é a indicação da extensão da interface "mãe" logo na declaração da interface "filha" (linha 01). Toda a diferença se dá na implementação da interface "filha" pela classe "CalculadoraXpto", como mostra a Figura 9.9. Aqui, a classe é obrigada a implementar todos os métodos da interface "Calculadora" e mais os métodos da interface "CalculadoraCientifica", neste caso, o método "efetuarPotenciacao".

```
                        CalculadoraXpto.java
01    public class CalculadoraXpto implements Calculadora {
02
03        private String marca;
04
05        public int somar(int numeroA, int numeroB){
06            return numeroA + numeroB;
07        }
08
09        public int subtrair(int numeroA, int numeroB){
10            return numeroA - numeroB;
11        }
12
13        public int multiplicar(int numeroA, int numeroB){
14            return numeroA * numeroB;
15        }
16
17        public int dividir(int dividendo, int divisor){
18            return dividendo / divisor;
19        }
20
21        public double efetuarPotenciacao(int base, int expoente) {
22            return Math.pow(base, expoente);
23        }
24
25        public String getMarca(){
26            return this.marca;
27        }
28
29        public void setMarca(String valor){
30            this.marca = valor;
31        }
32    }
```

Figura 9.9 – Implementando interfaces herdadas no Java

Seguindo com os pontos que podem levantar dúvidas. Você deve ter notado que todos os métodos da interface e, por conseguinte, os métodos implementados na classe possuem nível de visibilidade público. Isso é uma regra? Sim! Todos os métodos devem ser públicos por que a principal razão de existir de uma interface é a definição do protocolo de comunicação entre a classe que implementa seus métodos e os demais objetos que eventualmente consumam estes métodos. Assim sendo, os métodos devem ser públicos.

Uma classe pode implementar mais de uma interface? Não! Uma classe só pode implementar uma única interface... o que podemos ter aqui é a relação de herança de interfaces que vimos, que indiretamente faz com que uma classe possa implementar mais de uma classe. Aqui cabe um conselho.

O uso de largas estruturas de herança de interfaces aumenta a complexidade e a manutenibilidade do seu sistema. Começa aqui, portanto a descaracterização do reúso. Aconselha-se uma estrutura que tenha no máximo três níveis hierárquicos.

Uma interface pode ser implementada por mais de uma classe? Sim! E aqui está exatamente um dos grandes benefícios do uso de interfaces: a diminuição do acoplamento entre as classes.

INTERFACES PARA DIMINUIÇÃO DO ACOPLAMENTO

Conforme dissemos, uma interface pode ser implementada por mais de uma classe. Mas como isso pode diminuir de alguma forma o acoplamento entre os objetos?

Vamos montar o seguinte desenho.

Temos a nossa interface "Calculadora" e duas classes que a implementam: "CalculadoraXpto" e "CalculadoraAbc", como mostra o modelo representado pela Figura 9.10 que utiliza a UML.

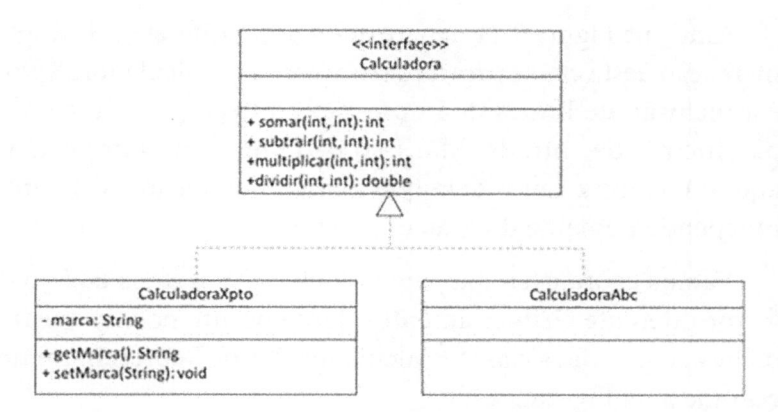

Figura 9.10 - Duas classes implementando uma interface utilizando UML

Uma forma de implementação dessa nova classe "CalculadoraAbc" utilizando Java, ficaria como mostra a Figura 9.11.

```
                       CalculadoraAbc.java
01    public class CalculadoraAbc implements Calculadora {
02
03        public int somar(int numeroA, int numeroB){
04            System.out.println(numeroA + "|" + numeroB);
05            return numeroA + numeroB;
06        }
07
08        public int subtrair(int numeroA, int numeroB){
09            System.out.println(numeroA + "|" + numeroB);
10            return numeroA - numeroB;
11        }
12
13        public int multiplicar(int numeroA, int numeroB){
14            System.out.println(numeroA + "|" + numeroB);
15            return numeroA * numeroB;
16        }
17
18        public int dividir(int dividendo, int divisor){
19            System.out.println(dividendo + "|" + divisor);
20            return dividendo / divisor;
21        }
22    }
```

Figura 9.11 - Implementação alternativa para interface utilizando Javaa

Ainda na Figura 9.11, repare que a única diferença de implementação desta classe para a classe anterior ("CalculadoraXpto") é a inclusão de linhas de impressão em tela que gravarão os parâmetros de entrada. Mas isso não importa! O importante aqui é termos a clara ideia que a implementação é diferente, independentemente do grau de diferença.

Vamos agora exercitar este modelo. Mas iremos fazê-lo de forma diferente. Primeiramente criaremos um modelo que trabalhe apenas com a classe "CalculadoraXpto". Representaremos essa ideia na Figura 9.12.

Repare aqui que temos uma pequena diferença quanto a forma de instanciar o objeto "calculadora", na linha 05.

Até o presente momento, instanciávamos um objeto com a especificação do tipo de dado da classe. No nosso exemplo, poderíamos instanciar o objeto "calculadora" da seguinte forma: "*CalculadoraXpto calculadora = new CalculadoraXpto()*". Mas não fizemos.

Quando estamos trabalhando com interfaces, podemos instanciar um objeto tendo como tipo de dado a interface que a classe implementa. Como mostra a Figura 9.12 (linha 05): "*Calculadora calculadora = new CalculadoraXpto();*".

```
                      TesteInterface.java
01    public class TesteInterface {
02
03        public static void main(String[] args) {
04
05            Calculadora calculadora = new CalculadoraXpto();
06            int soma = calculadora.somar(3,4);
07            int diferenca = calculadora.subtrair(5,2);
08            double resto = calculadora.dividir(6,3);
09            int produto = calculadora.multiplicar(4,4);
10            System.out.println(soma);
11            System.out.println(diferenca);
12            System.out.println(resto);
13            System.out.println(produto);
14
15        }
16    }
```

Figura 9.12 - Exercitando implementação de interface no Java

E onde exatamente está a diferença? Estamos criando aqui, mais um nível de desacoplamento entre a nossa classe "TesteInterface" e o objeto que detém a capacidade de executar o método. Neste momento, temos a dependência da classe com o contrato e não com o objeto que o implementa.

Um exemplo deste desacoplamento é a quantidade de modificações que faríamos na classe teste se quiséssemos mudar a classe que implementa os comportamentos. Veja como seria na Figura 9.13.

```
                          TesteInterface.java
01    public class TesteInterface {
02
03        public static void main(String[] args) {
04
05            Calculadora calculadora = new CalculadoraAbc();
06            int soma = calculadora.somar(3,4);
07            int diferenca = calculadora.subtrair(5,2);
08            double resto = calculadora.dividir(6,3);
09            int produto = calculadora.multiplicar(4,4);
10            System.out.println(soma);
11            System.out.println(diferenca);
12            System.out.println(resto);
13            System.out.println(produto);
14
15        }
16    }
```

Figura 9.13 – Alterando classe que implementa a interface no Java

Se você pensou: "Mas sequer uma linha inteira foi alterada!", pensou certo! A única modificação está na linha 05, em que a classe "CalculadoraAbc" é utilizada após o "*new*" em detrimento a classe anterior "CalculadoraXpto". Como os contratos são os mesmos, nada mais precisa ser feito.

DIFERENÇAS ENTRE CLASSES ABSTRATAS E INTERFACES

Após estudarmos interface, e principalmente estudar esse assunto logo após o tema classes abstratas, algumas dúvidas podem surgir, principalmente no que diz respeito à similaridade entre os dois no que diz respeito a métodos abstratos.

Mas quando usar um e quando usar o outro? A diferença fundamental está na natureza dos conceitos de classe abstrata/ método abstrato e interface.

Uma classe abstrata, como o próprio nome já diz, é uma classe. Possui atributos, métodos e principalmente implementação de métodos. Enquanto isso, uma interface não pode ser comparada nem de longe a uma classe. Nela temos apenas a assinatura de um método, não temos atributos e principalmente não temos implementação de métodos.

Uma classe abstrata não pode ser instanciada, é verdade, mas uma interface também não. O que vimos na seção anterior é o desacoplamento a partir do tipo de dado da interface, mas perceba que o *"new"* ainda se dá a partir de uma classe.

Um método abstrato de fato é um método que, na classe em que está declarado, possui apenas uma assinatura, ficando a implementação obrigatoriamente para a classe filha que eventualmente herde a classe em que ele está declarado.

Essa é a única similaridade com o conceito de interfaces, mas do mais, não temos qualquer tipo de equivalência nem decisão a ser tomada quanto ao uso de um em detrimento ao outro.

CAPÍTULO 10: GENÉRICOS

Neste capítulo abordaremos a ideia de genéricos e esta sessão será a primeira dentre as próximas em que estudaremos conceitos que saem do clássico da orientação a objetos.

Significa dizer que, quando a orientação a objetos foi concebida, não havia o conceito de genéricos como ainda não há, se formos buscar pelas literaturas mais clássicas do tema.

Genéricos surgem como uma alternativa de implementação na versão 5 do Java e consequentemente nas versões que se sucederam a esta.

Mas a ideia não ficou somente no Java, e demais linguagens e *frameworks* que suportam a orientação a objetos também aderiram ao conceito, como é o caso do .Net da Microsoft.

Muito embora seja um conceito estritamente ligado ao desenvolvimento, genéricos, *ou generics*, se baseia em todos os conceitos ligados ao paradigma da orientação a objetos que vimos até aqui, principalmente herança.

O conceito todo se baseia na seguinte ideia: se a principal unidade de processamento em um sistema orientado a objetos é um objeto, seja ele de qual tipo for, então todo objeto, em uma última instância de abstração, herda de uma classe mãe genérica, a classe objeto.

Traduzindo, significa dizer que, se tivermos em nosso modelo ou sistema, objetos que nasçam a partir de classes como "cliente", "cliente pessoa física" ou "cliente pessoa jurídica", todos esses em um última instância de herança, herdarão de uma "super classe" chamada objeto.

Mas não se preocupe! Para utilizarmos esta ideia, não precisaremos mudar em nada tudo que vimos até agora... essa declaração de herança está "implícita" dentro da plataforma Java.

E o que teríamos nessa "super classe" objeto, que seja comum a todas as suas classes filhas (grife-se aqui, todas)? A resposta a esse questionamento nos remete aos primeiros conceitos da orientação a objetos. Todo objeto possui (ou tem a capacidade) atributos e métodos.

Significa dizer que todos os objetos da orientação a objetos, por possuírem atributos ou métodos, são, em última instância, filhos de uma classe objeto (ou *object*), uma classe mais genérica.

O objetivo final desse conceito é a possibilidade de implementarmos códigos que possam ser utilizados por várias classes, logo, a capacidade de escrevermos códigos mais "genéricos".

Além da possibilidade de escrita de algoritmos genéricos e toda a flexibilidade que isso nos traz, genéricos nos permitem maior capacidade de implementação do conceito de polimorfismo paramétrico, que ficamos devendo quando estudamos polimorfismo, mas que veremos em detalhes neste capítulo.

Veremos valor realmente na implementação de genéricos em dois níveis: no nível de classe e no nível de método.

IMPLEMENTAÇÃO NO NÍVEL DE CLASSE

Para entendermos o conceito de implementação de genéricos no nível da classe, vamos partir de um clássico exemplo do desenvolvimento da algoritmos que nada tem a ver com a própria ideia de genérico.

Vamos discutir a aplicação de genéricos a partir de uma implementação do algoritmo de pilha. Com sabe-se, uma pilha é uma tipo abstrato de dados (TAD) que tem como base uma estrutura de dados e um conjunto de operações finitas e bem definidas que são aplicadas nesta estrutura de dados.

Imaginemos uma pilha como uma pilha de pratos. Aqui, a estrutura de dados é a própria coleção de objetos, que poderia ser uma pilha de pratos, de caixas ou de qualquer objeto que você queira empilhar.

Temos no conceito de pilhas alguns métodos padrões com comportamentos esperados igualmente padrões. Temos a possibilidade de "empilhar" e "desempilhar", sendo que no empilhamento adicionaremos um objeto sempre no topo da pilha e no desempilhamento removeremos sempre o último elemento adicionado. Tudo isso é um padrão, não podemos mudar.

Para o nosso exemplo, iremos desenvolver um algoritmo que tem como objetivo implementar uma pilha. Teremos obrigatoriamente dois métodos: empilhar e desempilhar e nossa estrutura de dados será representada por uma lista de inteiros, ou seja, iremos empilhar e desempilhar números em um vetor, como mostra a Figura 10.1.

Nela podemos ver quando uma pilha nasce (vazia), os seus respectivos índices, o comportamento sequencial de quando queremos empilhar um número, assim como a operação única de remoção de um elemento desta pilha.

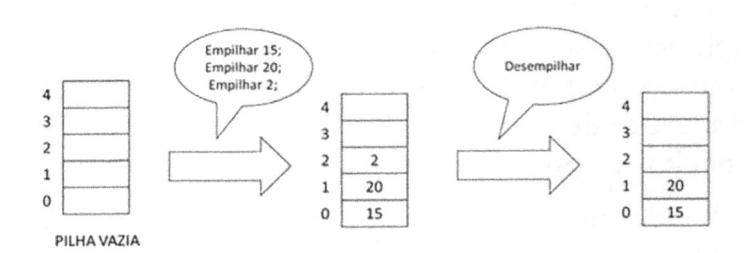

Figura 10.1 – Lógica de implementação de uma pilha de números

Colocaremos na sequência, Figura 10.2, uma ideia de implementação para esta pilha. Dizemos uma ideia, porque não há, pelo conceito de TAD, uma forma correta de implementação de pilhas. O que precisamos ter obrigatoriamente é: inclusão de um elemento sempre no topo e remoção sempre do topo sendo livre a forma de codificação desses métodos.

```java
                          Pilha.java
01    import java.util.ArrayList;
02
03    public class Pilha {
04
05        private ArrayList<Integer> numeros = new ArrayList<>();
06
07        public void empilhar(Integer numero) {
08            numeros.add(numero);
09        }
10
11        public Integer desempilhar() {
12            if(numeros.isEmpty()) return null;
13            return numeros.remove(numeros.size() - 1);
14        }
15
16    }
```

Figura 10.2 – Implementando uma pilha orientada a objetos no Java

Ainda na Figura 10.2, vamos enumerar e entender os principais pontos deste algoritmo:

- Linha 05: aqui estamos criando a lista responsável por armazenar os inteiros. Um vetor implementado a partir de uma coleção representada pelo objeto *"ArrayList"* do Java. Talvez esteja aqui uma das utilizações mais recorrentes do uso de genéricos, sempre associada ao conceito de coleções;
- Método "empilhar". Este método recebe como parâmetro de entrada o número inteiro a ser adicionado à lista. O método *"add"* (linha 08) garante que este elemento seja inserido sempre no último índice vago da coleção;
- Método "desempilhar". Na implementação deste método, removemos sempre o último elemento da lista (linha 13) e retornamos este elemento como resposta do método. Temos ainda uma validação para casos em que a pilha ainda esteja vazia, caso ela não contenha elementos, não temos nada a remover tampouco a devolver (linha 12).

Vamos agora criar uma classe que "exercite" a nossa classe "Pilha". Chamaremos a ela de "TestePilha", essa implementação pode ser vista na Figura 10.3.

Note que até aqui, não temos nada de diferente do que vimos até agora. Estamos instanciando a classe "Pilha" e fazendo chamadas sequenciais para o método "empilhar" e por fim, invocando o método "empilhar", de tal forma que a estrutura final fique exatamente idêntica ao exemplo dado na Figura 10.1.

```
                        TestePilha.java
01    public class TestePilha {
02
03        public static void main(String[] args) {
04
05            Pilha pilha = new Pilha();
06            pilha.empilhar(15);
07            pilha.empilhar(20);
08            pilha.empilhar(2);
09            int desempilhado = pilha.desempilhar();
10            System.out.println(desempilhado);
11
12        }
13    }
```

Figura 10.3 – Implementando exercício da classe "Pilha" no Java

Até aqui, nada de grandes novidades. Mas proponho aqui algumas reflexões, se ao invés de uma pilha de inteiros, quiséssemos adicionar implementações de: uma pilha de textos (*String*), uma pilha de objetos do tipo "Cliente" e uma pilha de objetos do tipo "Carro"?

Qual seria nosso racional? Eu não sei de você, mas eu copiaria o código que temos da classe "Pilha" para a nova classe e mudaria as linhas que fazem referência ao tipo "*Integer*" para o novo tipo de dado.

Se a classe implementasse uma pilha de textos, mudaria a linha 05, 07 e 11, onde temos o tipo de dado "*Integer*", passaria a ter o tipo de dados "*String*" e ficaria apenas por aí as alterações.

As alterações parariam por aí porque a implementação dos métodos "empilhar" e "desempilhar" não mudariam, ou seja, tanto faz se estamos falando de um tipo de dados ou de outro, a ideia é: adicionar no topo da pilha e remover deste mesmo topo.

Quer dizer que não importa o tipo de dado, sendo um objeto, podemos aplicar estes mesmos comportamentos? Sim! E é exatamente aqui que podemos aplicar o conceito de genérico.

E se pudéssemos substituir o *"integer"* da pilha por um tipo genérico *"object"*?

Vamos mudar a implementação da classe "Pilha" de tal forma que ela não precise trabalhar necessariamente com um tipo fixo de dados, mas com um tipo "genérico".

A Figura 10.4 mostra as "adaptações" que precisamos fazer nessa classe de tal forma que ela esteja apta a trabalhar com um tipo de dado genérico. Repare com atenção nas linhas 03, 05, 07 e 11. Onde antes havia um tipo de dado (*"Integer"*), temos agora a palavra reservada "E". Mudamos também o nome da lista de "números" para "objetos", para ficar mais condizente com o contexto que estamos trabalhando.

```
                          Pilha.java
01    import java.util.ArrayList;
02
03    public class Pilha<E> {
04
05       private ArrayList<E> objetos = new ArrayList<>();
06
07       public void empilhar(E objeto) {
08          objetos.add(objeto);
09       }
10
11       public E desempilhar() {
12          if(objetos.isEmpty()) return null;
13          return objetos.remove(objetos.size() - 1);
14       }
15
16    }
```

Figura 10.4 – Implementando uma pilha utilizando genéricos em Java

Qual foi o racional que utilizamos para esta conversão?

* Linhas 05, 07 e 08: Substituímos todos os tipos *"Integer"* pelo tipo "E". O tipo "E" (ou em alguns casos, "T", sem qualquer alteração no significado) é a representação que aquele é um tipo genérico;

- Após mudar os tipos explícitos para genéricos, temos que obrigatoriamente mudar a declaração da classe para o recebimento de um tipo genérico. Repare que na linha 03, adicionamos a seguinte notação: "$<E>$". Se estivéssemos trabalhando com a notação "T", bastaria mudar de "$<E>$" para "$<T>$";

Estamos aqui implementando genéricos no nível da classe. Note que é na declaração da classe que especificamos que a partir dali teremos a utilização de um tipo genérico (que chamaremos de "E" ou "T").

É como se estivéssemos declarando uma variável. Declaramos ela na especificação da classe e a utilizamos da mesma forma que a declaramos no corpo da classe, seja em atributos (como é o caso do "*ArrayList*"), ou seja, em métodos (como nos métodos "empilhar" e "desempilhar").

Vamos agora modificar a classe "TestePilha" para se adequar à nova realidade da classe "Pilha" e na sequência vamos entender todos os pontos de alteração. Neste exercício iremos adicionar não só uma pilha de inteiros, como anteriormente havíamos feito, mas também criaremos uma pilha de textos. A implementação desta classe teste pode ser vista na Figura 10.5.

```
                        TestePilha.java
01  public class TestePilha {
02
03      public static void main(String[] args) {
04
05          Pilha<Integer> pilhaNumeros = new Pilha<>();
06          pilhaNumeros.empilhar(15);
07          pilhaNumeros.empilhar(20);
08          pilhaNumeros.empilhar(2);
09          int numDesempilhado = pilhaNumeros.desempilhar();
10          System.out.println(numDesempilhado);
11
12          Pilha<String> pilhaTextos = new Pilha<>();
13          pilhaTextos.empilhar("ABC");
14          pilhaTextos.empilhar("DEF");
15          pilhaTextos.empilhar("GHI");
16          String txtDesempilhado = pilhaTextos.desempilhar();
17          System.out.println(txtDesempilhado);
18
19      }
20  }
```

Figura 10.5 – Exercitando a implementação de uma pilha usando *generics* no Java

Ainda na Figura 10.5, podemos captar alguns pontos essenciais para entendimento de genéricos:

- Muito embora estejamos trabalhando com genéricos no nível de classe, o conceito fica restrito ali. É na criação do objeto de fato que informamos o tipo de dado concreto. Isso porque em algum momento estamos trabalhando com objetos concretos, não podemos ficar sempre no campo dos genéricos;

- As linhas 05 e 12 mostram como, no momento da instanciação da classe "Pilha" passamos o tipo concreto que aquela classe irá trabalhar;

- Se estamos criando uma pilha de inteiros, os métodos "empilhar" e "desempilhar" também trabalharão com o tipo concreto, como podemos ver no intervalo entre as linhas 06 e 11;

- Em contrapartida, se a pilha for do tipo texto ("String"), ou de qualquer outro tipo, os mesmos métodos "empilhar" e "desempilhar" trabalharão com o tipo concreto indicado na construção do objeto "Pilha", como podemos perceber no intervalo descrito pelas linhas 13 e 16.

Assim é o modo de trabalharmos com genéricos no nível da classe. Devemos modificar a declaração da classe de tal forma a indicar que ali, seja em seus atributos ou métodos, trabalharemos com objetos genéricos e é no uso da classe que indicaremos o tipo concreto do dado a ser utilizado. Em resumo, a implementação é genérica, mas o uso é concreto.

IMPLEMENTAÇÃO NO NÍVEL DE MÉTODO

A implementação de genéricos no nível do método segue a mesma ideia da implementação no nível da classe, com algumas pequenas diferenças que exploraremos aqui.

Vamos pegar o exemplo da nossa "Pilha" e vamos criar outra classe, que será responsável por percorrer todos os elementos da pilha e imprimir seu valor em tela.

Esta classe terá apenas um método, que receberá como parâmetro de entrada um vetor de objetos. Na implementação desse método, não importa qual é o tipo de dado do vetor, iremos apenas percorrer este vetor e exibir seus valores em tela.

E se não importa qual é o tipo de dado, podemos utilizar o tipo genérico, que utilizaremos agora no nível do método. A Figura 10.6 mostra como ficaria essa implementação e na sequência bateremos ponto a ponto cada aspecto deste desenvolvimento.

```
                         ImpressoraPilha.java
01   import java.util.ArrayList;
02
03   public class ImpressoraPilha {
04       public <T> void imprimir(ArrayList<T> objetos) {
05           for(T objeto: objetos) {
06               System.out.println("%s ", objetos);
07           }
08       }
09
10   }
```

Figura 10.6 – Implementando genéricos no nível dos métodos

Ainda na Figura 10.6, note que a principal mudança está na assinatura do método. Onde antes tínhamos um tipo de dado concreto, agora temos a descrição de um tipo de dado genérico "T", como podemos ver na declaração do parâmetro de entrada.

Ainda na declaração, temos outra mudança: a indicação de uso de genérico "<T>" antes da determinação do tipo de dedo a ser retornado pelo método. Essa é outra obrigatoriedade.

Via de regra esse é o modelo, substituímos nos parâmetros de entrada ou na saída os tipos concretos que desejamos que sejam tratados como genéricos e adicionamos o indicador "<T>" na assinatura do método.

O restante da implementação do método, segue como qualquer implementação algorítmica que vimos até agora. Apenas com um ponto de atenção: note que estamos trabalhando com um tipo genérico no parâmetro de entrada e caso tenhamos a necessidade de utilizar um método ou atributo específico de uma classe, deveremos fazer uma conversão do tipo de dedo genérico para o tipo desejado na própria implementação do método.

Vamos criar agora uma classe que exercite este método genérico. Incrementaremos a classe "TestePilha" que vimos anteriormente e, só para efeito de testes, criaremos um método "*getter*" para o atributo "elementos" da classe pilha. A Figura

10.7 mostra como ficaria essa classe teste incrementada do uso dos métodos genéricos.

```
                          TestePilha.java
01    public class TestePilha {
02
03      public static void main(String[] args) {
04
05        Pilha<Integer> pilhaNumeros = new Pilha<>();
06        pilhaNumeros.empilhar(15);
07        pilhaNumeros.empilhar(20);
08        pilhaNumeros.empilhar(2);
09        int numDesempilhado = pilhaNumeros.desempilhar();
10        System.out.println(numDesempilhado);
11
12        Pilha<String> pilhaTextos = new Pilha<>();
13        pilhaTextos.empilhar("ABC");
14        pilhaTextos.empilhar("DEF");
15        pilhaTextos.empilhar("GHI");
16        String txtDesempilhado = pilhaTextos.desempilhar();
17        System.out.println(txtDesempilhado);
18
19        ImpressoraPilha impressoraPilha = new ImpressoraPilha();
20        ArrayList<Integer> objetosInteiros = pilhaNumeros.getObjetos();
21        impressoraPilha.<Integer>imprimir(objetosInteiros);
22
23        ArrayList<String> objetosTexto = pilhaTextos.getObjetos();
24        impressoraPilha.<String>imprimir(objetosTexto);
25
26      }
27    }
```

Figura 10.7 – Exercitando métodos genéricos no Java

Ainda na Figura 10.7, vamos a alguns pontos compreendidos no intervalo entre as linhas 19 e 24, que foram as linhas acrescidas a nossa classe anterior:

- Linha 19: estamos instanciando a classe "ImpressoraPilha", note que, pela implementação do genérico estar no nível do método, nada é alterado para a criação do objeto;

- Linha 20: estamos chamando o novo método *"getter"* da classe "Pilha". Este método retorna um *"ArrayList<T>"*, mas como estamos, neste nível, trabalhando com objetos concretos, temos que capturar o retorno com o tipo de dado já esperado, neste caso uma lista de inteiros, mas caso quiséssemos outro tipo de dado, poderíamos explicitá-lo, como fizemos adiante na linha 23;

- Linha 21: aqui está a chamada ao método genérico. Repare que a passagem do parâmetro é feita como qualquer outra, a partir de um objeto concreto, aqui, uma lista de inteiros. A única mudança se dá na inclusão do tipo de dado concreto entre "<>" antes do nome do método, que aqui, estamos utilizando "*<Integer>*", mas que mudamos logo à frente, na linha 24, quando precisamos passar uma coleção de textos, usando, portanto, "*<String>*".

POLIMORFISMO PARAMÉTRICO

O polimorfismo paramétrico foi adicionado ao conjunto das práticas de orientação a objetos juntamente com o advento dos genéricos. Se falarmos apenas em Java, a partir da versão 5, conforme falamos no início desde capítulo.

Neste tipo de polimorfismo temos a possibilidade de implementação de um objeto padrão que contenha o mais elevado nível de abstração de um objeto, ou seja, um "super objeto" que seria mãe de todos os objetos, possibilitando maior flexibilidade quanto a um objeto assumir a forma de outro.

Em resumo, estamos falando de tipos genéricos... Quando vimos acima a notação <T> (ou <E>), estamos falando justamente de uma forma de implementação de um polimorfismo paramétrico.

CAPÍTULO 11: ORGANIZAÇÃO DE UM PROJETO JAVA

Neste capítulo sairemos um pouco dos aspectos da orientação a objetos e entraremos no universo organizacional de um projeto Java.

Evidentemente que, nesse princípio de imersão, colocaremos todos os pontos relevantes ao paradigma que estão envolvidos nos aspectos de organização de um projeto Java.

PACOTES

No decorrer das nossas práticas, você deve ter passado por situações de erro que até então agora não havia sido explicada, como, por exemplo, a impossibilidade de criarmos duas classes com o mesmo nome ou a necessidade de inclusão de um *"import java.util.ArrayList;"* quando estávamos implementando genéricos.

No Java, assim como em outras plataformas, temos a possibilidade de agrupar e organizar classes a partir de critérios a serem definidos por nós mesmos. Se fossemos fazer uma analogia a um sistema operacional, é como se pudéssemos agrupar arquivos em uma estrutura de diretórios.

Essa estrutura de diretórios, assim como em um SO, podem conter apenas arquivos e subdiretórios. Estes por sua vez podem conter outros arquivos e outros subdiretórios. Estamos livres para organizar da melhor forma que nos convir!

Continuando nessa analogia dos diretórios de um sistema operacional, sabemos que não podemos ter dois arquivos com o mesmo nome em um mesmo diretório, em contrapartida, se estes arquivos estiverem em diretórios diferentes, não teremos problemas algum.

Se nós tivéssemos que compartilhar um arquivo com um colega de trabalho, teríamos que indicar para ele onde este arquivo está. Sem o "caminho completo" do arquivo, ou seja, em qual estrutura de diretórios e subdiretórios este arquivo se encontra, nada feito.

No Java temos uma estrutura de organização que se assemelha muito a esta estrutura de diretórios, com praticamente as mesmas regras, que chamamos de pacote (ou *package*).

Em um mesmo pacote, não podemos ter classes com o mesmo nome, mas o mesmo não acontece se tivermos classes de mesmo nome em pacotes diferentes.

Quando precisamos utilizar uma classe que está em um pacote diferente, utilizamos o recurso de "*import*". É como se quiséssemos indicar o local em que o arquivo está armazenado, para compartilharmos seu uso com outras pessoas.

Essa estrutura de pacotes é semelhante a uma estrutura de diretórios quanto a sua organização. Assim como em um diretório podemos ter subdiretórios, em um pacote podemos ter "sub pacotes".

Não há uma regra quanto a quantidade destes "sub pacotes" dentro de uma estrutura de pacotes, mas a boa prática diz que devemos ser sempre zelosos quanto a organização de tal forma que o excesso dela não aumente desnecessariamente a complexidade da nossa solução.

Assim como não temos uma regra quanto à hierarquia de pacotes, não temos algo explícito que nos diga quantos pacotes ou quais devemos ter em nossa solução.

Via de regra, agrupamos classes a partir da sua similaridade quanto as suas responsabilidades dentro de um sistema. Todavia, usualmente, essa organização deriva de boas práticas relacionadas ao uso de padrões de projeto, que veremos mais detalhadamente no Capítulo 12.

Fazendo um apanhado de todas as classes e códigos que produzimos no decorrer do nosso livro, poderíamos organizar as classes em uma estrutura hierárquica de pacotes como mostra a Figura 12.1.

```
br
  ↳   com
        ↳   freitas_bastos
              ↳      capitulo1
              ↳      capitulo2
              ↳      capitulo3
              ↳      capitulo4
              ↳      capitulo5
              ↳      capitulo6
              ↳      capitulo7
              ↳      capitulo9
              ↳      capitulo10
```

Figura 11.1 – Exemplo de representação hierárquica de pacotes

Ainda na Figura 11.1, vamos a alguns pontos importantes com relação à nomenclatura e organização de pacotes:

- A boa prática diz que os nomes dos pacotes devem ser sempre escritos em letras minúsculas, muito embora estejamos livres para grafar do jeito que acharmos melhor;
- O nome do pacote não pode ser igual ao de uma palavra reservada do Java, como, por exemplo, "*String*";
- O nome de um pacote não pode iniciar com números e/ou caracteres especiais. Uma exceção é feita para o *underline* ("_") o cifrão ("$"), nestes casos, podemos ter pacotes que iniciem com esses carácteres como, por exemplo: "_capitulo1" ou "$capitulo2";
- Um pacote com nome que faz referência a uma palavra composta deverá ser separado por "_" e não por espaço em branco, como mostra o exemplo da Figura 11.1: "freitas_bastos";
- Dentro de um pacote, nunca poderemos ter "sub pacotes" de mesmo nome. No exemplo, temos um pacote chamado "freitas_bastos" e dentro dele vários outros pacotes que dão nome aos capítulos deste livro. Não poderíamos ali, ter dois pacotes com o mesmo nome, por exemplo, "capitulo1";
- Se tivéssemos uma classe dentro do pacote "capitulo1" e quiséssemos utilizá-la em outra classe contida no pacote "capitulo2", teríamos que adicionar, na primeira linha da classe usuária o seguinte "*import*": "*import br.com. freitas_bastos.capitulo1*";
- Poderíamos ter duas classes distintas, mas com mesmo nome em pacotes diferentes. Por exemplo, uma classe de nome "Cliente" poderia estar no pacote "capitulo1" e outra classe de mesmo nome no pacote "capitulo3" sem problema algum;
- A notação "br.com" merece uma explicação mais detalhada.

Muito embora não haja um padrão, existem convenções que dão conta que a notação deva seguir o padrão internet de nomenclatura. Talvez pelo fato de o Java ter crescido muito em decorrência do cenário de desenvolvimento *web*.

Fato é que, em muitos lugares, você poderá ter contato com um padrão de nomenclatura de pacotes que siga o formato: "br" (ou o país que você estiver envolvido ou que o produto for desenvolvido) + "." (que indica a quebra para um "sub pacote" + "com" (que indica uma aplicação comercial ou qualquer outro prefixo que indique a natureza do seu sistema) + "." (indicando novamente quebra de nível hierárquico de pacotes + "nome da sua aplicação" + "." + nome do pacote.

Os pacotes, criados em sua IDE de desenvolvimento Java preferida, gerarão uma estrutura física de diretórios, conforme podemos ver na Figura 11.2. Note que ali temos um primeiro diretório chamado "br", seguido de um subdiretório "freitas_bastos" e dentro dele vário outros subdiretórios correspondentes a cada um dos pacotes que criamos.

Conforme dissemos, cada desenvolvedor Java possui uma IDE de desenvolvimento preferida. Cada qual com as suas respectivas características, atendem ou não determinados confortos de seus desenvolvedores. É comum e não existe problema algum nisso.

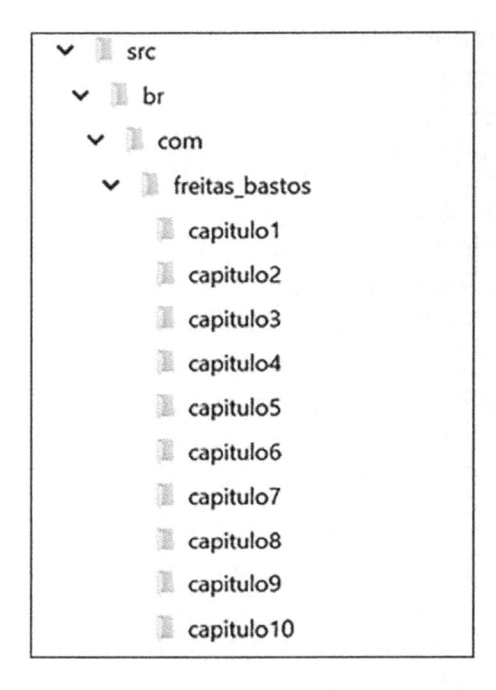

Figura 11.2 – Estrutura de diretórios gerada a partir da geração de pacotes

Apenas a título de exemplo, criaremos essa estrutura de pacotes, aqui, utilizando o Eclipse. Essa estrutura poderá ser visualizada na Figura 11.3. Adicionaremos uma classe, chamada "Cliente" no pacote chamado "capitulo1" e outra classe chamada "TesteCliente" no pacote "capitulo2", novamente, apenas para fins de estudo.

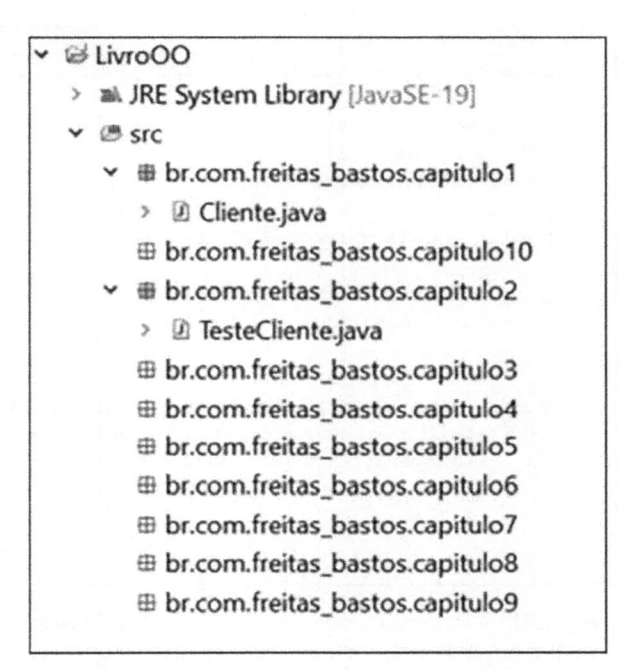

Figura 11.3 – Organização de pacotes no Eclipse

Na sequência apresentaremos os códigos das classes "Cliente" e "TesteCliente". A Figura 11.4, representa o código da primeira classe. Note que na linha 01 temos a especificação do pacote no qual ela está contida.

```
                          Cliente.java
01    package br.com.freitas_bastos.capitulo1;
02
03    public class Cliente {
04        public String cpf;
05        public String numeroAgencia;
06        public String numeroContaCorrente;
07        public double saldoContaCorrente;
08
09        public String informarCPF() {
10            return this.cpf;
11        }
12
13        public void sacarContaCorrente(double valor) {
14            if(this.saldoContaCorrente >= valor) {
15                this.saldoContaCorrente -= valor;
16            }
17        }
18
19    }
```

Figura 11.4 – Incluindo uma classe em um pacote no Java

A Figura 11.5 mostra a classe "TesteCliente". Essa classe será responsável por instanciar um objeto da classe "Cliente" e exercitar alguns de seus métodos e atributos, assim como fizemos nos capítulos anteriores.

Note que nesta classe, temos na linha 01, a indicação de qual pacote a classe teste está contida. Na linha 03, temos a importação de um pacote utilizando o comando "*import*".

Essa importação é necessária, uma vez que estamos tentando utilizar na classe "TesteCliente", uma classe que não está contida no seu pacote. No caso, a classe "Cliente".

Caso optássemos por não fazer esse "*import*" ou omitíssemos essa linha, a classe teste não compilaria, indicando um erro na linha 05. É nesse ponto que estamos utilizando uma classe que está fora do pacote, sem a importação a classe em questão não "encontraria" a classe a ser utilizada.

No restante de ambas as classes não temos qualquer tipo de alteração de sintaxe ou semântica se comparado ao que vimos até agora neste livro.

```
                      TesteCliente.java
01    package br.com.freitas_bastos.capitulo2;
02
03    import br.com.freitas_bastos.capitulo1.Cliente;
04
05    public class TesteCliente {
06
07        public static void main(String[] args) {
08
09            Cliente cliente = new Cliente();
10            cliente.cpf = "123.456.789-10";
11            cliente.saldoContaCorrente = 1550.50;
12
13            String cpf = cliente.informarCPF();
14            System.out.println(cpf);
15
16            cliente.sacarContaCorrente(100.00);
17    }
```

Figura 11.5 – Importando uma classe de outro pacote no Java

CAPÍTULO 12: PRÓXIMOS PASSOS: UMA INTRODUÇÃO AOS *DESIGN PATTERNS*

Chegamos ao final deste livro sobre orientação a objetos! Gostaríamos aqui de deixar uma trilha de aprendizado, uma pretensão sobre o que seriam os próximos passos dentro do estudo de desenvolvimento de *software*, mas precisamente, voltado ao paradigma orientado a objetos.

O tema padrão de projetos entra exatamente neste contexto. Não que o objetivo deste capítulo seja explorar todos os pontos deste conceito, tampouco se aprofundar em um ou outro padrão.

Para se especializar no tema, que é de extrema relevância para a carreira de um desenvolvedor, precisaríamos não apenas de um capítulo, mas de um livro inteiro.

O objetivo dessa sessão é apresentar ao desenvolvedor o conceito, explicar para que serve e onde ele está inserido dentro do ciclo de vida de desenvolvimento de *software*.

Por mais que você neste momento não esteja, ou não se sinta apto a projetar e desenvolver a arquitetura de um sistema de *software*, e é natural que assim o seja, é importante você saber que este tema existe, saber do que se trata e quais são os caminhos de estudo passíveis de serem percorridos.

Padrão de projeto, ou *design pattern*, é a menor estrutura arquitetural proveniente dos subsistemas de um sistema de *software* e do relacionamento entre eles (BUSCHMANN *et al.*, 1996).

Design patterns são soluções comuns de *software* para problemas comuns. Soluções que foram aplicadas e testadas em um determinado contexto e que resolveram determinados problemas neste contexto.

Por exemplo, todo sistema de *software*, idealmente, tem um problema a ser resolvido: como fazer com que este tenha uma manutenção suave e produtiva (o que chamamos de manutenibilidade)?

Esta aí um problema que todos os sistemas têm. Independentemente do tamanho, linguagem de programação ou cenário de negócio em que está inserido.

Temos aqui um clássico exemplo de um problema comum. Como resolvê-lo? A ideia inicial de todo desenvolvedor é: "não reinventar a roda!", ou seja, se é um problema que alguém já resolveu, que reutilizemos essa solução.

Estes são os padrões de projeto: soluções de problemas comuns, aplicado a contextos comuns. Um catálogo de soluções aplicáveis a qualquer sistema de *software* e que tem em sua base todos os conceitos da orientação a objetos que estudamos até agora.

O padrão de projeto não entra no nível de implementação, sendo independente de qualquer tipo de tecnologia ou linguagem, razão pela qual possibilita seu reúso em diversos contextos de problemas. Além de promover a redução da complexidade da solução a partir da decomposição de subsistemas de maior complexidade em componentes de menor complexidade (BUSCHMANN *et al.*, 1996).

Um grupo autodenominado "Gang dos Quatro, ou "*Gang of Four*" (Gamma *et al.*,1995) propôs um catálogo com 23 padrões de projetos, organizados em quatro categorias, que representam contextos de uso com características similares.

A Tabela 12.1 mostra o agrupamento desses padrões, segundo Gamma *et al.* (1995).

Categoria	Padrão de Projeto
Padrões para Criação	*Abstract Factory*
	Builder
	Factory Method
	Prototype
	Singleton
Padrões Estruturais	*Adapter*
	Bridge
	Composite
	Decorator
	Facade
	Flyweight
	Proxy
Padrões Comportamentais	*Chain of Responsibility*
	Command
	Interpreter
	Iterator
	Mediator
	Memento
	Observer
	State
	Strategy
	Template Method
	Visitor

Tabela 12.1 – Catálogo de padrões de projeto *"Gang of Four"*

Fonte: Gamma *et al.*, 1995.

Segue abaixo uma breve descrição de cada padrão de projeto descrito na Tabela 12.1 (GAMMA *et al.*, 1995):

1. *Abstract Factory:* Padrão que provem uma interface para criação de famílias de objetos relacionados ou dependentes sem que haja necessidade de discriminação de suas classes concretas.

2. *Builder:* Propõe a separação da construção de um objeto complexo de sua representação, assim, o mesmo processo de criação pode criar diferentes representações.

3. *Factory Method:* Padrão que provem uma interface para criação de um objeto, esta atividade fica a cargo de subclasses, que decidem quais classes devem ser instanciadas.

4. *Prototype:* Propõe a criação de objetos através da instância de um protótipo. Instâncias de novos objetos são criadas pela cópia deste protótipo.

5. *Singleton:* Padrão que promove a garantia de que uma classe terá uma única instância dentro da aplicação e propõe um ponto de acesso único de todos os pontos da aplicação a instância dessa classe.

6. *Adapter:* Propõe a conversão da interface de uma classe para outra interface esperada pelo cliente.

7. *Bridge:* Promove a separação da abstração de uma classe de sua implementação.

8. *Composite:* Padrão que propõe a composição de um objeto em uma árvore hierárquica que representa o conceito "todo/parte" desse objeto.

9. *Decorator:* Propõe que comportamentos sejam adicionados a um objeto de forma dinâmica.

10. *Facade:* Padrão que provem um ponto único de interface para um conjunto de interface de subsistemas.

11. *Flyweight:* Este padrão propõe a criação de um objeto compartilhado que pode ser usado em múltiplos contextos simultaneamente, com o objetivo de apoiar o uso de um grande número de objetos de menor granularidade de forma eficiente.

12. *Proxy:* Este padrão propõe que um objeto crie um mecanismo para controlar o acesso de outro objeto a seus recursos.

13. *Chain of Responsability:* Propõe a separação de um objeto remetente de uma solicitação ao seu destinatário, dando a mais de um objeto a capacidade de receber essa solicitação. Esses objetos são colocados em uma cadeia e a solicitação é passada de um a outro até que o destinatário a receba.

14. *Command:* Propõe a abstração de uma requisição como um objeto. Possibilita parametrização de clientes com diferentes requisições, filas ou armazenar essas informações em formato de *log*, ainda apoia operações que podem ser desfeitas.

15. *Interpreter:* Esse padrão descreve como definir uma representação para uma determinada linguagem, representar sentenças nesta linguagem e interpretar essas sentenças.

16. *Iterator:* Propõe um ponto de acesso a elementos de um objeto agregado ou uma lista de objetos de forma sequencial sem que haja necessidade de exposição de detalhes da implementação desses elementos.

17. *Mediator:* Propõe a criação de um objeto que encapsule a forma de interação de um conjunto de outros objetos.

18. *Memento:* Propõe o armazenamento de um objeto interno, sem que haja violação de encapsulamento, para que esse objeto possa ser recuperado a este estado futuramente.

19. *Observer:* Padrão que propõe a composição de um objeto em uma árvore hierárquica de objetos dependentes. Quando este objeto muda de estado, todos os objetos desta árvore são notificados e seu estado é atualizado automaticamente.

20. *State:* Este padrão propõe que um objeto altere seu comportamento assim que seu estado mude, o efeito é como se a classe do objeto mudasse.

21. *Strategy:* Propõe a criação de uma família de algoritmos encapsulados e intercambiáveis que são acessados independentemente do cliente que os utiliza por uma interface padrão denominada *strategy*.

22. *Template Method:* Este padrão propõe que uma subclasse redefina certos passos de um algoritmo sem que haja mudança na estrutura deste algoritmo.

23. *Visitor:* Este padrão promove a criação de novas operações através da adição de subclasses na hierarquia da classe na qual essa nova operação irá atuar.

24. Outra referência a padrões de projeto encontrada na literatura, Buschmann *et al.* (2007) propõe um catálogo de padrões de projeto, muitos dos quais são citados também na obra de Gamma *et al.* (1995).

E quais seriam os próximos passos para um desenvolvedor, munido de conhecimento de orientação a objetos e sabendo o que são padrões de projeto e para que servem?

Se debruçar em cada uma dessas referencias da literatura que colocamos aqui e entender como são implementados cada padrão de projeto.

Por mais que seu objetivo agora não seja ser um arquiteto de *software*, todo desenvolvedor deve ter ao menos um contado com cada *design pattern* que enumeramos aqui, não no nível de projeto de *software*, claro, mas no nível de implementação.

APÊNDICE A: MONTANDO UM AMBIENTE DE DESENVOLVIMENTO JAVA

Neste capítulo vamos preparar o nosso ambiente para começar a desenvolver uma aplicação Java e por consequência conseguir desenvolver os exercícios práticos e exemplos que apresentaremos no decorrer deste livro.

Aqui, partiremos da premissa que instalaremos todos os recursos localmente, em nosso próprio PC, não usando qualquer tipo de virtualização ou computação distribuída.

O primeiro passo é instalar o *Java Development Kit* (JDK). Nesta instalação, mais completa para desenvolvedores, teremos a disposição, dentre outras coisas, o JRE (*Java Runtime Environment*), responsável pela execução de programas Java, compiladores e demais ferramentas que são necessárias para nosso dia a dia.

A instalação do JDK é um grande facilitador, por concentrar a instalação de tudo que precisamos, eliminando a necessidade de termos que fazer vários *downloads* e outras tantas instalações de forma separada.

Para fazer o *download* é muito simples. Uma busca rápida por "JDK *download*" o levará para inúmeras opções de repositórios. Recomendo os repositórios oficiais, como o *site* da *Oracle*.

Assim como temos muitas opções de repositórios de *download*, temos muitas versões do JDK a serem escolhidas.

Sugiro que você opte sempre pela última, porém atente-se ao fato de ser a última versão "estável".

Existem versões que são lançadas no caráter em caráter de teste, o que chamamos de versão beta. Procure baixar a última versão que não seja uma beta.

A instalação também varia de acordo com seu sistema operacional.

Fato é que escolhida a versão correta e uma versão condizente com o seu sistema operacional o restante é muito simples. A instalação é sempre feita no modo "simplificado", ou seja, sem a necessidade de escolher qualquer tipo de configuração adicional.

Para confirmar se o seu JDK foi instalado corretamente. Abra um *prompt* de comando e digite o comando "*java -version*", como mostra a Figura 1. Em caso de sucesso na instalação, este comando retornará informações referentes a versão de instalação. Em caso de erro, repita a instalação do JDK.

```
PS C:\> java -version
openjdk version "11.0.12" 2021-07-20
OpenJDK Runtime Environment Microsoft-25199 (build 11.0.12+7)
OpenJDK 64-Bit Server VM Microsoft-25199 (build 11.0.12+7, mixed mode)
PS C:\>
```

Figura 1 – Validando instalação do JDK

Uma vez o JDK instalado com sucesso, temos agora que instalar uma IDE de desenvolvimento Java. E são muitas as opções disponíveis para os mais diversos gostos.

A escolha da IDE, neste momento, não possui qualquer fator de escolha diferente que a sua própria comodidade. A ferramenta na qual você se sentir melhor servirá e muito para os nossos propósitos.

Como aqui precisaremos adotar uma, escolheremos o Eclipse, que é uma das IDE's de desenvolvimento Java mais utilizadas no mundo.

Para baixar a IDE é simples e seu uso é gratuito, muito embora, no momento do *download* você possa ser inquerido a fazer uma doação, o que não é obrigatório.

Vá o site https://www.eclipse.org/downloads/ e escolha a versão que seja compatível com a versão do Java que você tem instalado na sua máquina (como vimos anteriormente) e com a seu sistema operacional.

A instalação é igualmente simples e daremos algumas dicas dos principais passos, nas figuras que se seguirão.

O primeiro passo de escolha será a seleção de qual tipo de IDE você pretende instalar. Existem diversas versões do Eclipse, que variam de mais enxutas ou mais completas, a depender de qual tipo de sistema de *software* você pretende desenvolver.

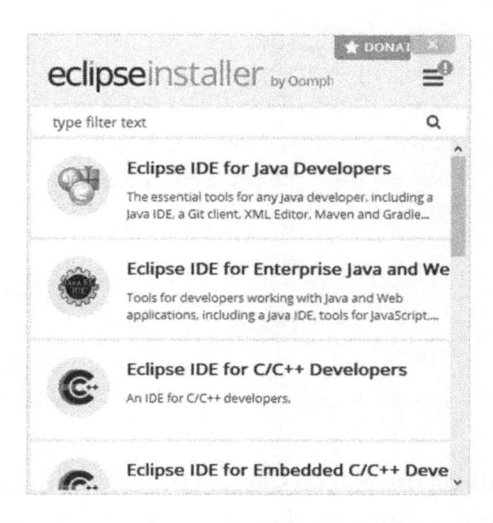

Figura 2 – Seleção de versão do Eclipse a ser instalado

A Figura 2 mostra a primeira interface que nos será apresentada na instalação do Eclipse. Note que aqui temos que selecionar a versão da IDE que desejamos instalar. Sugiro selecionar a segunda opção *"Eclipse IDE for Enterprise Java and Web..."*.

Não que esta versão seja um pré-requisito para o que estudaremos no decorrer deste livro, mas é a melhor opção para termos uma IDE que nos atenda aqui e em boa parte dos projetos e estudos futuros.

No passo sequente teremos que apontar a pasta que queremos instalar o Eclipse e indicar a pasta na qual instalamos o nosso Java. Se você seguiu o procedimento de instalar primeiro o JDK e depois a IDE, nada precisará ser alterado aqui, mas cabe a verificação principalmente relacionado a pasta de instalação do Java.

Figura 3 – Seleção de pastas de instalação do Eclipse e do Java

O restante da instalação segue o processo de uma instalação padrão, com a solicitação de confirmação e aceite dos termos de uso, como mostra a Figura 4.

Figura 4 – Confirmação e aceite dos termos de uso do Eclipse

Até que o Eclipse seja devidamente instalado, você poderá se deparar com alguma morosidade, como mostra um exemplo na Figura 5. Isso por que, no processo de instalação, componentes e *plug-ins* necessários para a IDE são baixados em tempo de instalação.

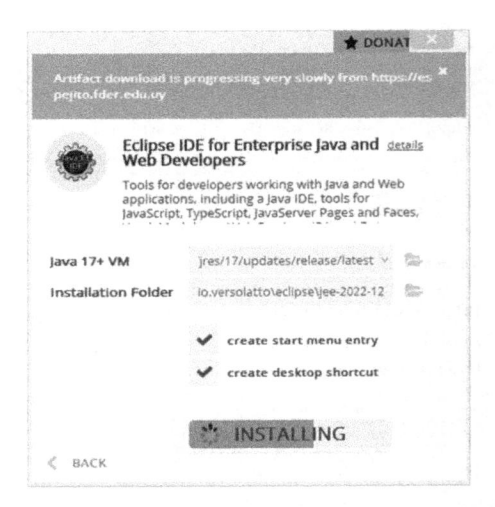

Figura 5 – Processo de Instalação e *download* do Eclipse

Uma vez a IDE instalada basta abrir a ferramenta e configurar o visual, temas, fontes e cores conforme o seu agrado. Caso não queira ter este tipo de trabalho, sem problemas! As configurações padrão do Eclipse nos servirão, e bem, no processo de estudo da orientação a objetos.

APÊNDICE B: CRIANDO UM PROJETO NO ECLIPSE

Neste capítulo vamos ver como criar um projeto Java no Eclipse, que servirá como o primeiro passo para criação de todas as classes e exercícios propostos no decorrer de todo o livro.

O pré-requisito para o passo a passo que descreveremos a seguir é termos o ambiente de desenvolvimento funcionando, ou seja, tudo aquilo que descrevemos no Apêndice A.

O primeiro passo para iniciarmos nosso projeto é abrirmos o Eclipse e de início será nos apresentada a tela exibida na Figura 1.

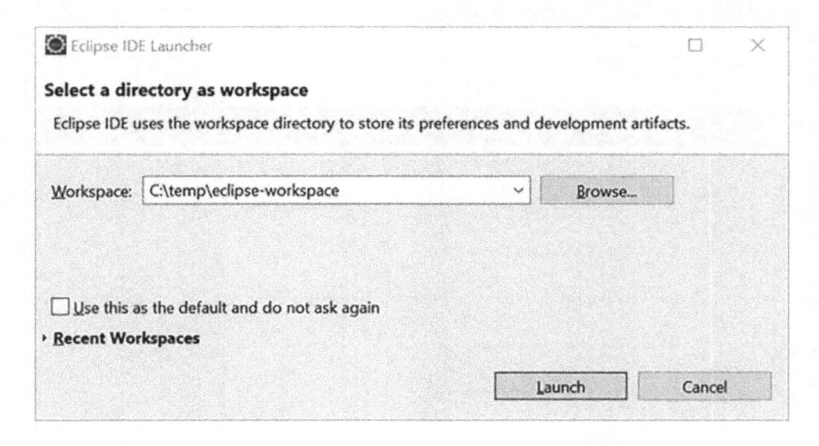

Figura 1 – Selecionando um workspace no Eclipse

Um *workspace*, como o próprio nome já diz, é um espaço de trabalho. Nele, poderemos criar um ou mais projetos. Todos os projetos criados em um *workspace* serão criados em uma estrutura de diretórios na máquina do desenvolvedor e que pode ser personalizada se alterarmos o campo *"Workspace"* da Figura 1.

Neste exemplo, vamos selecionar o diretório "C:\temp\eclipse-workspace". Caso o diretório não esteja criado, o Eclipse se encarregará de criá-lo.

Selecionado o diretório que queremos criar nosso espaço de trabalho, clique no botão *"Launch"*, após alguns segundos, o Eclipse será aberto e a interface representada na Figura 2 nos será apresentada.

Com o Eclipse aberto, chegou a hora de criarmos o nosso primeiro projeto Java. Repare que aqui, o idioma que utilizamos como padrão da nossa IDE é o inglês. Mas caso a sua plataforma esteja em português, nada muda, exceção feita ao nome dos menus, opções, botões e afins.

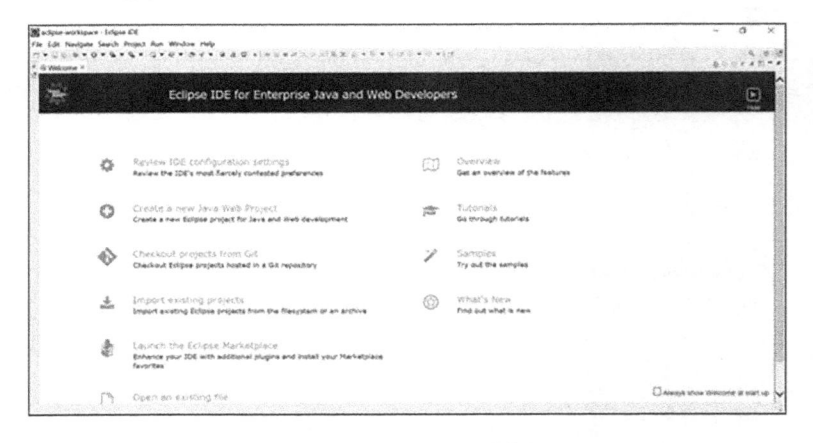

Figura 2 – Interface inicial Eclipse

No menu *"File"*, selecione a opção *"New"* e na sequência *"Project"*. Ao selecionar a opção *"New"*, teremos muitas opções de projetos a serem criados, para o passo que estamos e para o que queremos estudar neste livro, selecionaremos a opção *"Project"*.

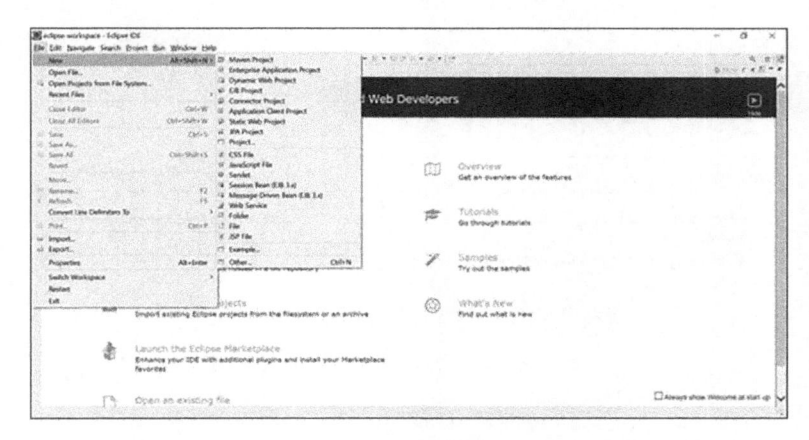

Figura 3 – No menu *"File"* -> *"New"* -> *"Project"*

No menu *"File"*, selecione a opção *"New"* e na sequência *"Project"*. Ao selecionar a opção *"New"*, teremos muitas opções de projetos a serem criados, para o passo que estamos e para o que queremos estudar neste livro, selecionaremos a opção *"Project"*.

Após selecionarmos a criação de um novo projeto, teremos que selecionar qual é o tipo do projeto (Figura 4). Temos muitas opções, mas neste momento, para os estudos que nos propomos neste livro, selecionaremos a opção *"Java Project"*.

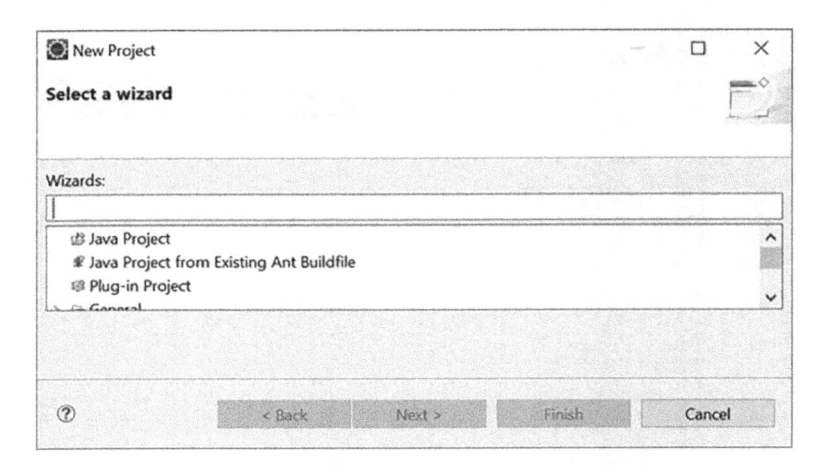

Figura 4 - Selecionando o tipo de projeto

O próximo passo será definirmos o nome do projeto, conforme mostra a Figura 5.

Neste passo, podemos selecionar qual é a versão do Java (JRE) utilizaremos para esse projeto (para casos em que tenhamos mais de uma versão do Java instalado em nossa máquina). Aqui, sugiro que, neste momento, deixemos selecionado a opção padrão, que refletirá a última versão que temos instalada em nossa máquina.

O nome do projeto é livre. A única regra é que o nome não pode começar caracteres especiais nem números, exceção feita a "_" (*underline*) e $ (cifrão).

Aconselho neste momento, apenas mudarmos a descrição do projeto, deixando todas as demais opções marcadas com as que já venham preenchidas. Isso porque nos interessa agora, apenas o que precisamos para o estudo da orientação a objetos.

Após configurarmos o nome do projeto, clique no botão "*Finish*" e após alguns segundos um projeto será criado e seremos redirecionados para a interface padrão do Eclipse, conforme mostra a Figura 6.

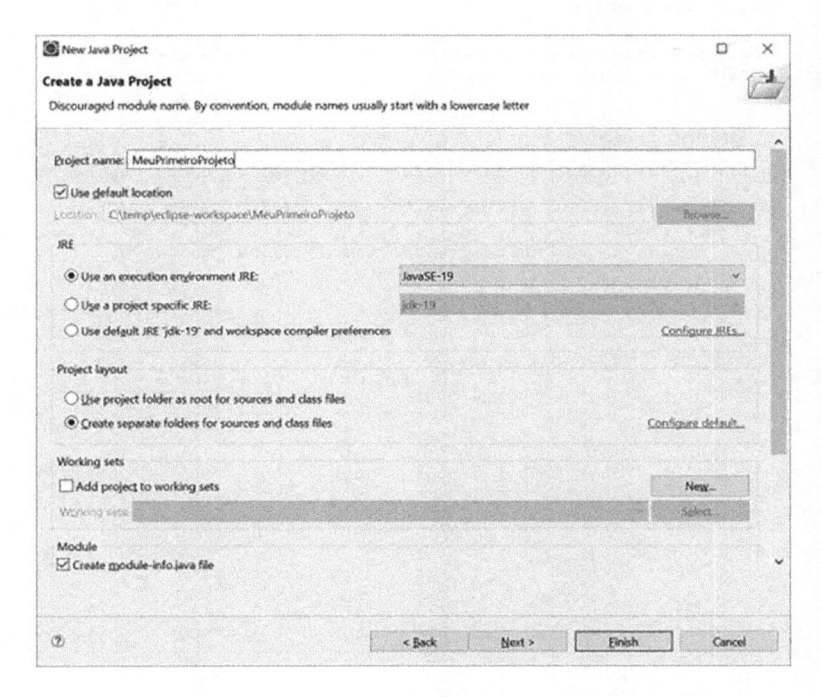

Figura 5 – Configurando um novo projeto no Eclipse

É possível que após a interação da Figura 5, sejamos perguntados sobre a abertura de uma perspectiva para edição de projetos do Eclipse, como exemplifica a Figura 6. Neste caso, selecione a opção *"Open Perspective"*.

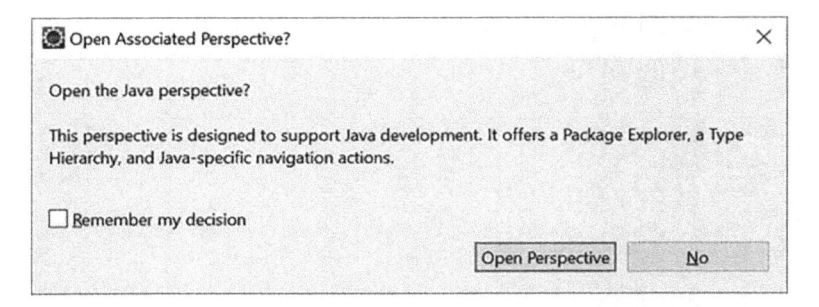

Figura 6 – Abrindo uma perspectiva de projeto no Eclipse

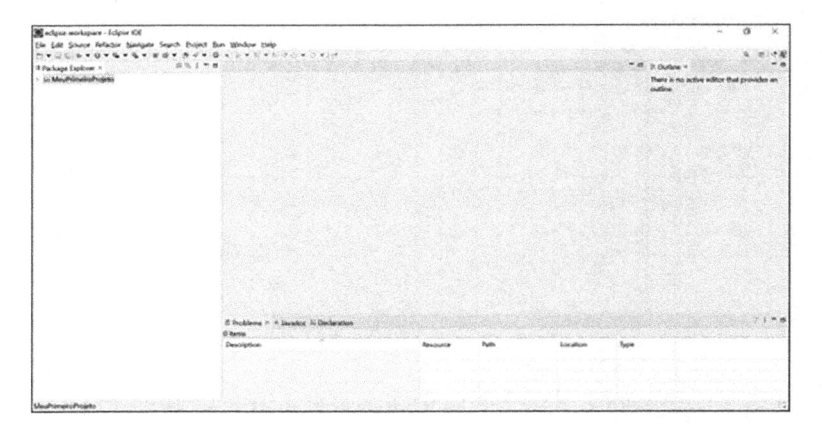

Figura 7 – Interface de projeto no Eclipse

Para adicionarmos uma classe, expanda o projeto até a pasta "src", conforme mostra a Figura 8. É nesta pasta, que por padrão, criaremos nossos códigos fonte, logo, aqui criaremos as nossas classes.

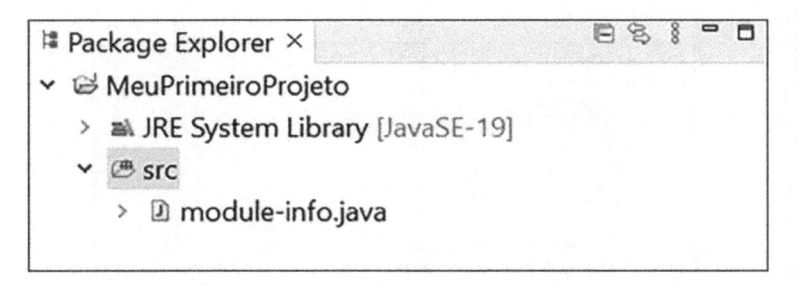

Figura 8 – Estrutura de pacotes do projeto no Eclipse

Criar uma classe agora é tarefa fácil. Botão direito do mouse na pasta "src", selecione a opção "*New*" e em seguida "*Class*", conforme mostra a Figura 9. Seremos redirecionados neste momento a uma interface como mostra a Figura 10, nela, poderemos dar um nome para classe que estamos criando.

No nosso exemplo, criaremos uma classe chamada "*HelloWorld*" apenas para começarmos a estudar e vermos algumas coisas funcionando.

Aqui, o nome da classe, é livre e as regras são as mesmas para nomenclatura de um projeto que vimos anteriormente. Porém, o mais importante, o nome de uma classe deve ter relevância e relação com o problema que estamos querendo resolver (vide Capítulo 1).

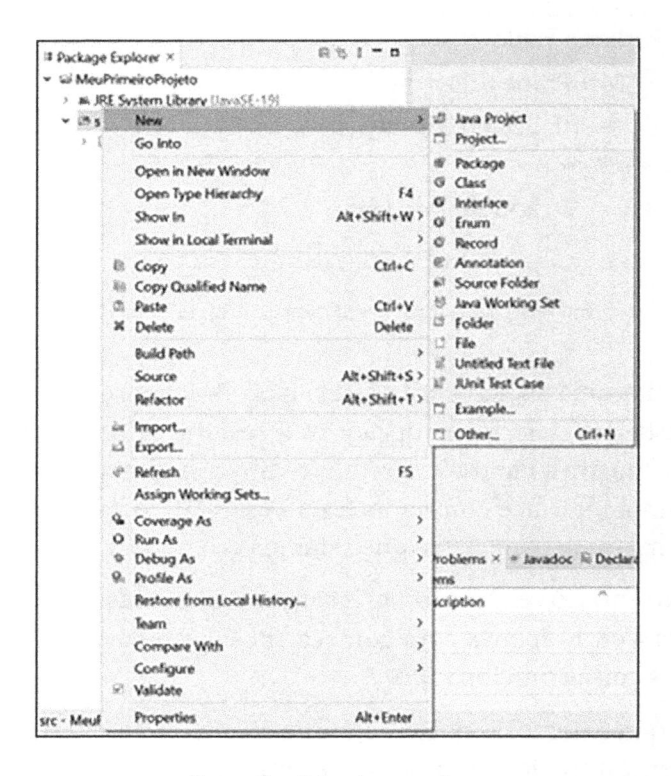

Figura 9 – Criando uma classe

Na interface representada pela Figura 10, temos algumas possibilidades de configuração de uma classe que vão além do nome dela. Como, por exemplo, podemos definir aqui o nível de visibilidade da classe, indicar se ela é uma classe abstrata, definir seus métodos construtores e até deixar "pré-codificado" o método *"main"*.

Para nossos estudos, não marcaremos nenhuma opção e nos preocuparemos tão somente com o nome da classe. Após inserirmos o nome desta classe, clique em *"Finish"*.

A sequência desta criação, seremos redirecionados novamente para a interface principal do Eclipse. Note que a classe será criada e a estrutura do projeto será modificada da imagem inicial que tínhamos, conforme mostra a Figura 11.

Na classe "*HelloWorld*" criaremos o método "main". No Java, este método é o que chamamos de ponto de entrada (ou "*entry point*"). Este é o primeiro trecho de código a ser executado em uma classe.

Apenas para estudo, aqui, no método de entrada, adicionaremos dois comandos de impressão em tela. Faremos isso para testar e simular a execução de uma aplicação Java utilizando o Eclipse.

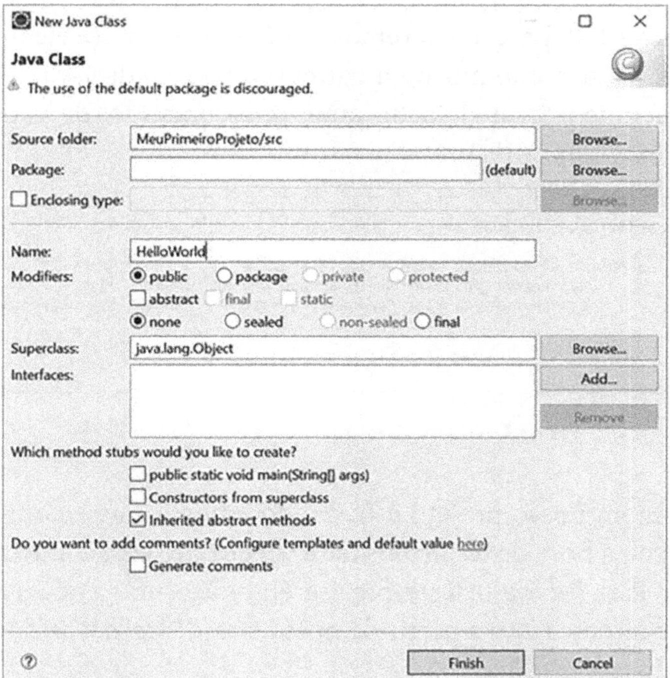

Figura 10 – Criando uma classe

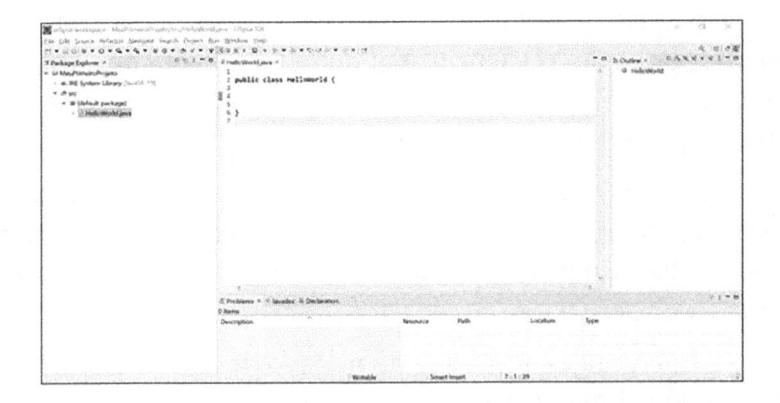

Figura 11 – Nova estrutura do projeto após a criação da classe

Nossa classe "*HelloWorld*" ficará como mostra a imagem da Figura 12. Repare que teremos o método "*main*" (e ele deve ser exatamente como mostra a figura por padrão do Java). Dentro do método principal, incluiremos dois comandos de impressão (*System.out.println*).

```
1
2  public class HelloWorld {
3
4      public static void main(String[] args) {
5          System.out.println("Meu primeiro projeto Java...");
6          System.out.println("Começando a estudar orientação a objetos!!!");
7
8      }
9
10 }
```

Figura 12 – Código exemplo da classe "*HelloWorld*"

Agora nosso projeto está criado e nossa classe codificada. Chegou a hora de testarmos para ver se tudo está como deveria estar. Para fazer este teste, precisaremos executar a nossa aplicação e faremos isso a partir da nossa classe "*HelloWorld*".

Para executar o método *"main"* da classe, clique com o botão direito na área de código desta classe e selecione a opção *"Run As"* e em seguida *"Java Application"*, como mostra a Figura 13.

Figura 13 – Executando a classe exemplo

Se tudo der certo, nosso código produzirá algumas mensagens impressas em tela, que poderão ser vistas na aba *"Console"*, como mostra a Figura 14. Em caso de erros, estes poderão ser visualizados na aba *"Problems"*.

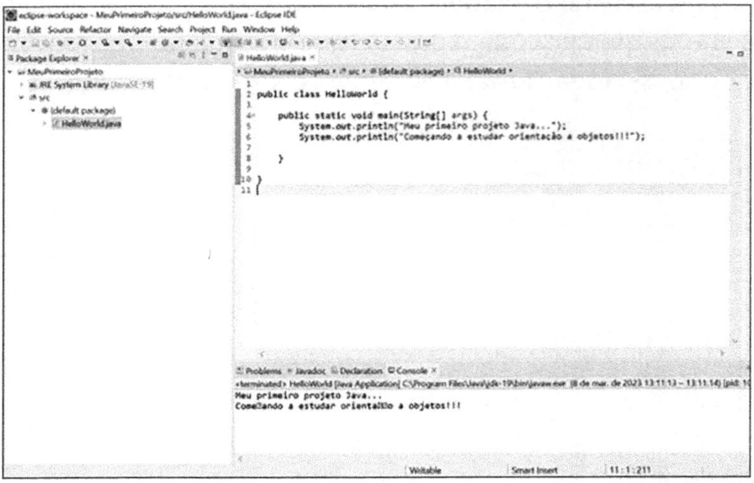

Figura 14 – Resultado da execução na aba *"Console"*

REFERÊNCIAS

BASS, L.; CLEMENTS, P.; KAZMAN, R. **Software Architecture in Practice**. Boston: Addison-Wesley, 2010. 528 p.

BEZERRA, E. **Princípios de Análise e Projeto de Sistemas com UML: um guia prático para modelagem de sistemas orientados a objetos através da linguagem de modelagem unificada**. Rio de Janeiro: Campus, 2006.

BOOCH, G.; JACOBSON, I.; RUMBAUGH, J. **UML – guia do usuário**. 2. ed. Rio de Janeiro: Campus, 2006.

BUSCHMANN, F. et al. **Pattern-Oriented Software Architecture: A System of Patterns**, Volume 1. New York: Wiley, 1996. 476 p.

BUSCHMANN, F.; HENNEY, K.; SCHIMIDT, D. **Pattern-Oriented Software Architecture: A Pattern Language for Distributed Computing**, Volume 4. New York: Wiley, 2007. 636 p.

DEITEL, H. M.; DEITEL, P. J. **Java como programar.** São Paulo: Pearson Prentice Hall, 2010.

FOWLER, M. **UML Distilled: A Brief Guide to the Standard Object Modeling Language**. Addison-Wesley, 2003.

GAMMA, E. et al. **Design Patterns – Elements of Reusable Object-Oriented Software**. Boston: Addison-Wesley, 1995. 416 p.

HORSTMANN, C. S.; CORNELL, G. **Core Java, volume 1: fundamentos**. 8. Ed. São Paulo: Pearson Prentice Hall, 2010.

ISO/IEC 25010. **ISO/IEC 25010:2011, Systems and software engineering — Systems and software Quality Requirements and Evaluation (SQuaRE) — System and software quality models**. [S.I: s.n.]. 2011.

KRUCHTEN, P. **The 4+1 View Model of Architecture**. IEEE Software, Washington, v. 12, n. 6, p. 42-50, nov. 1995.

LARMAN, C. **Applying UML and Patterns: An Introduction to Object-Oriented Analysis and Design and Iterative Development**. Prentice-Hall, 2004.

MORRIS, D.; BRANDON, J. **Reengenharia – Reestruturando a Empresa**. São Paulo: Makron Books & Mcgraw Hill, 1994.

SOMMERVILLE, I. **Engenharia de software**. São Paulo: Pearson, 2019.